ちくま文庫

# 狂言サイボーグ　増補新版

野村萬斎



筑摩書房

# 狂言サイボーグ　増補新版　目次

## 狂言とコンピュータ〜序にかえて〜

二〇〇〇年に文部省の中央教育審議会に呼ばれて話をした。その時のテーマは「教養」。そこで教養とは何かについて改めて考えてみた。

私にとっての教養とは、「生きていくために身につけるべき機能」のことである。知識として暗記したものは教養ではない。狂言であれば、狂言師が舞台をつとめるための教養は「型」である。その「型」を個性・経験でアレンジしながら使っていくことで表現になる。これが狂言の一つの道筋である。

狂言の教授法は、師匠が弟子と一対一で向かい合い、弟子に師匠の物真似をさせることから始まる。特に狂言は親子での「口伝《くでん》」による伝承が多い。物真似というのは、自分ではない人になるという意味で、演じるという行為の根源になる。他人という存在を借りて自己表現するものだから、物真似芸が狂言に発達したとも言える。

弟子である子供が、声と身体を中心にして親の真似をすることで覚えていく行為は、動物が身を守ったり餌を取ったりすることを、親の真似をしてすべて覚えていくようなものである。子供の教育にとって、個性の尊重が大切だとよく言われるが、教養を身につけていない子供に個性を求めても仕方がないのではないだろうか。

私たち狂言師にとっての幼い頃の稽古は、個性の尊重などとは無縁である。「この辺りの者でござる」と師匠が言うと、弟子が繰り返して、一句一句つけていく。面と向かって、声を師匠である親からぶつけられ、それを自分の中で、ある感性を持って解釈し、それを再現して、親にぶつけ返すということを繰り返す。

今時のコンピュータにたとえると、狂言の稽古とはプログラミングされることだ。この「プログラミング」という言葉が一つのポイントになる。子供の意思に拘《かか》わらず、狂言師としての機能を身体にたくさん植え込んであげることが非常に大事なことなのである。そこには個性など存在しない。プログラマーたる師匠が、弟子が「誤作動」しないように何度も真似を繰り返させるだけである。

例えばセリフ、言葉というのは、意味内容を伝える情報と音によって成り立っている。その音というのは、音質、音色、音量はもちろん、エネルギーや全体のイメージなど、いろいろな形で分析できるから、親が口伝えしても、子供に認識できない部分も出てくる。最初は音程だけをなぞってしまい、小声で「この辺りの者でござる」と返す。すると親から「声が小さい」と言われ、音量の部分でも真似るという風に、あえて意識のいかないところを露呈させて、それを注意して意識させることを繰り返して形をつくっていく。

狂言には「カマエ」というものもある。狂言におけるカマエとは「隙《すき》なく立つこと」だ。能舞台は装置を使わない裸舞台だから、お客さんの集中力に耐えうる緊張感を身体が持ち続けなければならない。このカマエも師匠が弟子に真似させて教えることになるのだが、人間は二の腕、腕《かいな》、胴回りとすべて寸法・比率が違うから、師匠が全体的なイメージでやってみせたものを弟子が解釈し、真似をして構える。それをまたイメージとして師匠は受けとめ、手一つ挙げた時でも、その手が下がっていれば、下からたたく。上がり過ぎていれば、上からたたく。たたいたり、そこの神経をさわることで、だんだん神経を集中させて、型を植えつけていく。

こうして、時には痛みを伴いながら、少しずつ意識を行き渡らせることができるようになると、全身の回路をつないで機能させることができるようになる。ここまでくると狂言師としての教養が身についたことになるのである。

写真撮影の時など、私は「全身に神経が行き渡っているように見えますね」とよく言われる。しかし、子供の頃から全身に神経が行き渡って構えることなどできない。教養というものは、人間の意思とは関係なく、ある程度「デジタル」につくり上げなければならないのである。自分の身体機能を信じ切れないために、演技が伸び伸びしていないといった例をよく目にするが、古典芸能というのは、型やカマエといったデジタルなものを、アナログな人間が動かしているものだと説明できる。

人体は一種のハードウエアのようなものだ。知識ではなく身体で「型」や「カマエ」といったソフトウエアを体得させた精巧なコンピュータを持っていれば、実はそれだけ個性を発揮する力にもなる。自分の意思とは関係なく、幼い頃から狂言をたたき込まれたことが、私の身体を気に入ったコンピュータにしてくれている。

狂言というのは、私が演じても、アマチュアの人が演じても、同じ型は同じ型に過ぎない。しかし積み重ねてきた経験や演じる人の環境によって表現の質は変化する。玄人は玄人として、技の倍率を上げたり、速度を速めることで、身体の機能を高度化させていく。狂言は決して古いだけの芸能ではなく、普遍的な一つの方法論が完成されているのだ。

例えば、「笑い」にも型がある。笑ったり悲しんだりといった感情表現は、西洋的にはそれなりの感情があった上で起こる行動と考えるのが一般的だが、狂言の場合はおかしくなくても、「型」というソフトを使えばスイッチが入ったように笑える。とにかく大きな声を出して笑う型をすれば、自己を発散できる。自然と気持ちがよくなっておかしくなってくるのだ。まさにプログラミングなのだが、最初は意味がわからなくても手段を教わってしまえば、だんだんそれを使いこなした人のものとなり機能し始める。表現する行為は知識で教えられるものではない。日本の古典芸能はこうした洗練された手段を持った一つの文化なのだ。

映画監督の黒澤明さんの遺された仕事が、私の定義で言えば、まさに教養を身につけた人の手になるものであったように思う。黒澤さんは能楽を教養として自分のものにされていたからだ。その映像表現は感覚的には私たちに非常に近い。そういう教養の部分で胸を張って、日本の文化や演劇を見せられれば、いつまでも普遍性を持つものになる。

私が劇場で狂言を演じたりすると、狂言の劇場版ということだけで前衛的に見られる。しかし、おそらくその舞台を二十年後に見ても、それほど古いとは思われないだろう。それより、かつてのアングラ演劇などのように時代の先端を走っていた表現のほうが、二十年もたつと古くさい印象を与えてしまうものである。狂言の場合、もちろん能楽堂でやっている舞台は古びない。かといって劇場でやっている舞台が古びることもない。常にフレッシュである。

国際化が進む中で、「日本人は日本人らしく」と最近よく言われるようになった。決して右翼的な意味ではなく、もっと根源的なところで身につけた教養としての日本の伝統文化を存分に機能させ、日本人として胸を張りたい。

# 1　狂言と「身」「体」

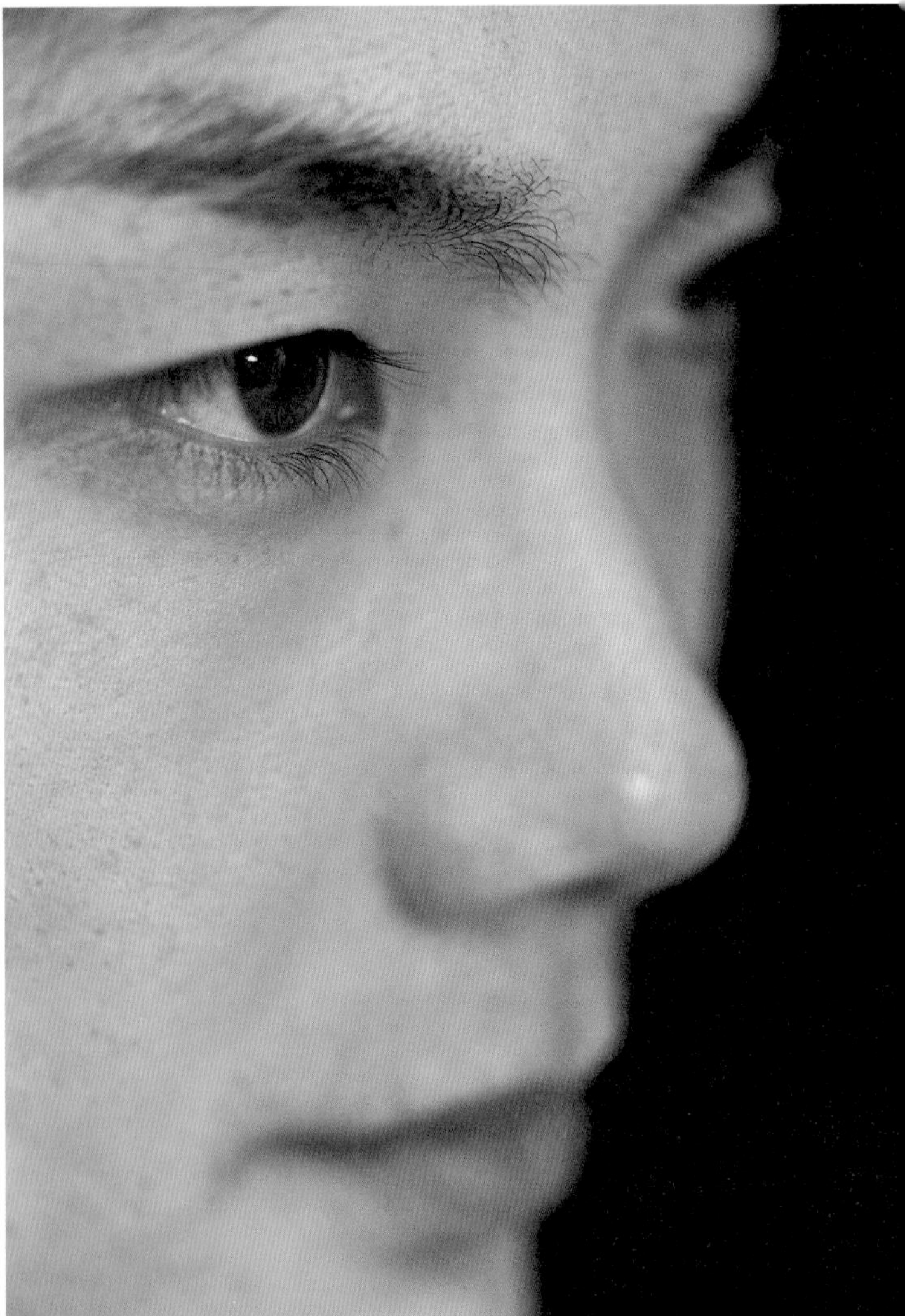

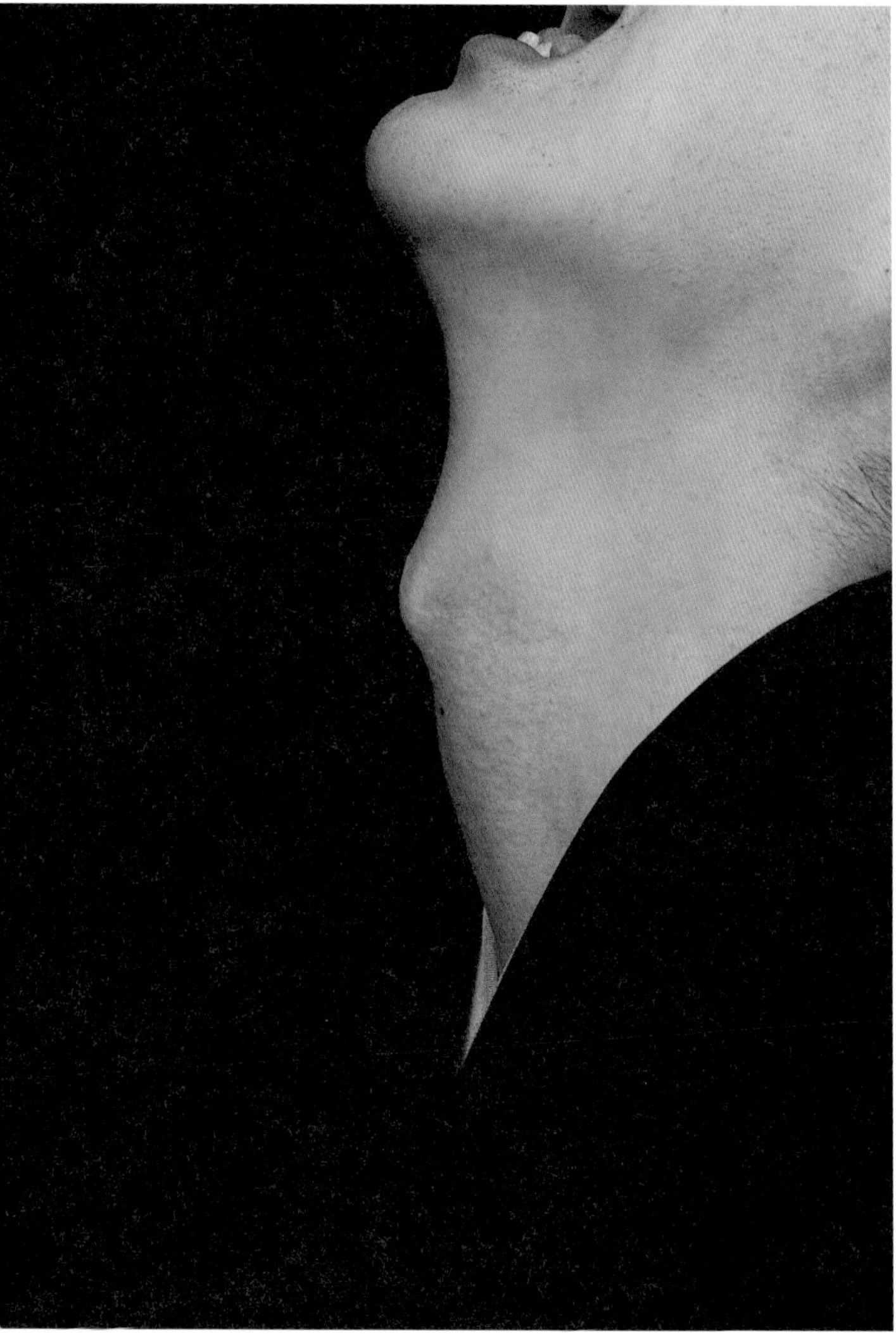

## 狂言と「顔」

狂言を「素手の芸」と呼ぶ人がいる。

能舞台という一種の裸舞台の上で声と身体のみで演じるからであろう。大きな舞台セット、照明効果、音響効果などはない。メーキャップもしない。神、鬼、動物、醜女、老人以外は面を着けない。素顔で演じるのである。

能・狂言のルーツは中国にあり、唐の時代の「散楽」と呼ばれた芸能であったと聞いている。滑稽な物真似、軽業曲芸、奇術魔法などの大道芸が日本に渡り、寺社の祭事・神事と結びつき「さんがく」が訛って「猿楽《さるがく》」になったと聞く。

「演じる」ということは根本的には「ある人格を真似すること」であろう。しかし真似をするといってもその人格の「クローン」にはなれない。いくつかの特徴を取り出し、誇張するのである。近年お正月でも定番になった「ものまね歌合戦」のものまね師たちも基本的には声帯模写、形態模写の複合技による誇張をしている。

テープによって鼻を上に向けたり、目を細めて釣り上げたり、額に大きなホクロをつけたりするのはかなり末梢的な技とも言えるが、画期的であり、皆よく笑ったものである。誇張によるパロディー化である。

「散楽」とはこのようなものであったと思うが、テレビのものまねと決定的に違うのは、真似の対象物の違いである。現在はテレビというメディアが発達して有名人なら皆が知っている。その人を真似、パロディー化すれば笑いが起きる。しかし能・狂言が大成された室町の頃にテレビはない。その頃の有名人であろう将軍殿の顔を、現在の首相を知るように一般の人は知る由もない。

狂言は「この辺りのものでござる」という登場人物の自己紹介から始まる。つまり特定した有名人ではなく、一般の人の誰か、または観客の一代表、または観客の心の中にいる人格を代表する・真似をするという宣言をして始まる。

能は文学に取材して、主にその中の有名人、光源氏、六条御息所、平家の公達、小野小町、在原業平などの真似をするのである。こうして一卵性双生児の狂言と能の性格は表裏となって変わっていく。狂言は母体に近い滑稽な物真似を踏襲、しゃべり言葉と仕草の喜劇となり、能は様式性の強い文語体の文章を謡うようになり、舞とともに構成された仮面劇の悲劇へと発展していった、とも私は考える。

狂言で普通の女を演じる時には面を着けず、素顔で演じる。美男鬘《びなんかずら》と呼ばれる晒《さらし》状の白い布を頭に巻きつけるだけである。男性のあごや頬の骨格を隠すだけで女性的に変身することができる。狂言には有名な美女は出てこないし、「この辺りの女」なのだからこれで充分なのである。もし能で老年の演者が面を着けずに小野小町を演じたら……。

狂言に「業平餅《なりひらもち》」という曲があって珍しく業平を演じる。能の場合は当然面を着け、希代の色男になるが、狂言では素顔で演じる。業平様とは程遠い人が演じる時ほど、パロディーとしてこの狂言はいきいきするといわれている。狂言とは「素手の芸」でもあるが、「素顔に素直な芸」でもある訳である。

# 狂言と「首・肩」

私は首が長い。おまけになで肩である。よく言えば鶴のようでもあるが、ブルゴーニュ系のワインのボトルを連想する。

座高というのは腰掛けた状態の腰から上の高さであろうが、一般的には胴の長さと受け取られているであろう。

身長に対して私の座高は平均的であろうが、バランスは普通の人と異なるような気がする。胴の長さと首から上のバランスが違う。三対二ぐらいであろうか。

首が長く、なで肩だときものが似合うというのはよく言われていることであろう。私もよく言われる。しかしそれは女性がきものを着た時の常識であって、必ずしも男性が狂言や能の装束を着た時にはあてはまらない。

狂言では主人・小名《しょうみょう》は長裃《ながかみしも》を着る。対する召し使いの太郎冠者は肩衣《かたぎぬ》を着ける。いずれも素襖《すおう》・掛《かけ》素襖の略式で、袖を縮め袂を無くして機能性を優先した結果であろうが、肩をいからせたようなフォルムである。

能の装束でも狩衣《かりぎぬ》・法被《はっぴ》・水衣《みずごろも》などは袖が大きく袂がだらりとしているが、動きが激しい強いキャラクターの時は、機能性を重視して袖を折り込み肩の上にたくし上げ、いかった肩を作る。甲冑即ちプロテクターを着ていることを模しているのだが、なで肩とは逆のヴェクトルである。もっともカシラという巨大な赤や白、黒の鬘を着てバランスは保たれるのだが……。

テレビ時代劇でお馴染みの遠山の金さんが奉行の姿で着ているのは裃であり、いかった肩は様式美とともにいかにも権威の象徴である。しかし桜吹雪の彫物を見せる時、丸い生身の肩が見えるのは、造形上の変化だけでなく、現実味のあるリアルな生き証人を感じさせて効果的である。

我々能・狂言に携わる者は生な演技、即ち日常を引きずった演技を忌み、また生の肉体を曝すことを嫌って来た、が故に装束で身を固め、能に至っては面で顔も覆い尽くす。つまり首と手以外、生身を曝すことなど有り得ないのである。これぞ無機的リアリズム。

しかしその半面、古来七百年間男性だけで演じてきた能楽の世界では、女性を蔑視するのではなく、男性の肉体の強いフォルムに頼る演出になっている。直接あらわにならないが、重厚な装束の下に訓練・洗練された男性の肉体を感じることができる。レオタードとタイツに身を包み、西洋彫刻のようなリアルな肉体を見せるバレエとはまさに対照的である。

私は女性の役をやる時は、なで肩がそのまま使える。また、男性の役に多い肩をいからせたフォルムには、首長が有効である。首が埋もれずに済むからである。

ところでその首は一体観客に何を感じさせるのか？　腰から一筋に伸びた線であろう。装束によって凹凸はつけられようとも、天から吊るされているような緊張感が逆にその役者の重力と拮抗し、演じるキャラクターの存在の重み・存在感となるのである。このバランス感覚こそ我々の世界でのリアリズムであり理想である。しかし、現実の世の中は首が座らず、首を傾げたくなるような、アンバランスな出来事が多い今日この頃である。

# 狂言と「ノド仏」

私の首は長く、その上にノド仏が突出している。我ながらトロンボーンを連想してしまう。なぜなら発する声の高低によってノド仏の位置が変わるからである。単純に高い声の時はノド仏が顎の方へ上昇し、低い声を出す時は仏様も下降する。否、高い声を出すためにノド仏を釣り上げて声帯を緊張させ、低い声を出すために仏様を下げて声帯を弛めるのである。

私は三歳の時から舞台に立って狂言を演じているが、幼い頃はキンキン声であった。金属的な高音の持ち主であったのである。舞台上で明晰に通る、子供らしい大きな声を仕込まれた成果なのであるが、笑い声も際立ち過ぎ、時に小学校のクラスメートのヒンシュクを買った。ひびき過ぎる笑い声は嘲笑に受け取られたのであろう。

舞台上ではキンキン声も良かったが、普段の生活の中では時に疎まれ、いつしか低い落ち着いた声を持つことに憧れていった。

変声期は長かった。十歳ぐらいから始まり、キンキン声もかすれて裏返り、コントロールが効かなかった。師父・野村万作は私が音痴なのではないかと心配する程であった。

私には姉が二人、妹が一人いる。女系家族で、男系社会の狂言の世界では困ったことのようにも見える。しかし彼女達は私を支える女神達である。

私の変声期が始まった頃、四、五歳離れた姉たちは年頃になっていて、ボーイフレンドからの電話などが家にかかってくるようになっていた。黒一点であった私は多少のジェラシーを感じたのか、電話に出る時、男どもを威《おど》かそうと思い、父に間違えられるような、低い、渋い、太い声色を使う努力をしていた。実際取り次いだ後、「今の親父さん？」という質問があったと姉から聞いた時、「ザマー見ろ」と思っていた。

私が高校生の頃、ヘヴィーメタルが流行《はや》り、エレキギターとともに金属音的なヴォーカルに興じた。文化祭にはバンドを組んで出演し、シャウトを繰り返し、またギターをかき鳴らしていた。

狂言の修業の節目節目には大曲が用意されてあり、それを初演することを「披《ひら》く」という。「三番叟《さんばそう》」「奈須与市語《なすのよいちのかたり》」「釣狐《つりぎつね》」「花子《はなご》」がそれにあたる。

「奈須与市語」は狂言の家の子で普通十七、八歳で披くのだが、私は二十歳で披いた。それまで声が定まらなかった訳で遅れたとも言えるし、披くことで声が定まったとも言える。どちらにせよ「奈須」で声のコントロールができるようになり、抜くことで狂言師として開かれ前進したのである。

私は普段の声が低いだの、顔に似合わぬ野太い男性的な声だなどと言われることが多い。姉のボーイフレンドを威した成果か？　しかし一方で高い声域の父と同吟してのハーモニーも我が親子の売り物である。現在裏声も含めれば四オクターブ半の音域を出すことができるのだが、これもヘヴィメタ・シャウトの成果か？

冗談はさて置き、私はタバコを二年以上前にやめて、うがいを欠かさない生活を送っている。ノド仏様にもハナ水手向け、きれいに潤いを与えてこそ、声のご利益も受けられるのである。

狂言・能には七百年の伝統があるのだが、それは七百年間変わっていないという意味ではない。

もちろん我々には先祖先達から伝わる「型」があり、代々受け継ぎ、またかなり忠実に守っていると思う。しかもその「型」を徹底的に訓練し、身体にプログラムして意識以前に伝統を植え付けるのである。出来上がりはある意味で「狂言サイボーグ」「能楽ロボット」であるべきなのだが、そんな狂言師なり能楽師はまずいないし、いても面白くもないだろう。

## 狂言と「髪」

しかし裸舞台である能舞台では、いわゆる現在の日常の振舞いを許さない。もしそうならば「生の身体」「生な動き」と言われて非難されるだろう。発声も我々は横隔膜を使った腹式呼吸でする。声の定まらぬ若年の演者が「生な地声」を出せば、「楽屋で飯食ってるような声出すんじゃねぇ」と先輩が叱責するようなこともある。全ては「型」によって様式化され、一種無機的な存在、身体・声の記号化が能舞台という画面には必要なのである。

かなり難しげに我々の完全武装を説いたつもりだが、実は伝統様式から全くかけ離れた部分が我々の身体にはある。「髪」である。

狂言師は舞台化粧をしない。神、鬼、動物、醜女、老人以外は面を着けずに素顔のままで演じる。昔室町時代から髷《まげ》を結い、戦国の頃から月代《さかやき》にしていた。が、明治維新後、みな髷を切り、いわゆる短髪になってしまった。相撲は伝統を守り髷を捨てなかったが、大名からの禄を離れて生活苦に喘いだ明治大正の能楽師は路頭に迷い、兼業を余儀なくされた。私の曾祖父・初世萬斎も、加賀前田藩お抱えの狂言の家から上京、一時国鉄に勤めざるをえない状況であったそうだ。髷など結っている時代ではなかったのだろう。

それ以来能楽師は髪を整えはするものの、所詮神経の行き届かぬ髪の毛は、伝統様式とは無縁の、日常のままである。訓練のしようもないのである。その為能楽師の髪型は時に時代を写し、ツッパリが流行ればパンチパーマやリーゼントというヘアースタイルも能舞台に出現するのである。基本的には下手に主張しない髪型が良いとされ、襟元に髪が覆い被さるのは着物の美学に反するということでロン毛は不適当なようだ。茶髪の能楽師はまだ見ていない。

私は一時長髪に憧れたが、狂言の舞台が続く日本では難しかった。しかし一年間英国留学する機会があり、念願のロング・ヘアーに挑戦した。一年間に髪は肩まで達し、後ろで結べるようになったが、帰国して次の日には断髪した。ちょん髷結うために伸ばしていると言えば非難されないだろうなどと屁理屈を考えながら、流しソーメンのように落ちて行く自分の黒髪を、過ぎ去ってゆく青春のようにいとおしみながら眺めていた。

ＮＨＫの朝の連続テレビ小説「あぐり」にエイスケ役で出演した際、髪の毛の長さがシーンによって変わらないようにずいぶん気を遣った。狂言はその日その日で役も違い、自然に任せているが、ドラマ上の時間の進行と、収録上の時間の進行が違うテレビにはからくりが必要なのだ。様式や身体記号の殆ど必要ないテレビほど、「型」にはまった「髪」が必要なのである。

## 能・狂言と「胸・腹」

職業によって、多少なりとも体形に特徴が出てくることもあるであろう。狂言師・能楽師に上半身、取り分け胸筋・腹筋ムキムキの人はいないような気がする。スリ足をし、腰から下の安定感・重量感が重要な我々の世界では、下半身の筋肉が強じんな人は多いだろうが……。

胸の筋肉がそれほどないのは、単純に言ってそれほど使わないからである。時に扇を持ち、手の動きも少なくないが、基本的に上半身は反る・倒す程度のことである。手の動きも指し示したりといったことが中心で、繊細かつ装飾的である。バレエやフィギュア・スケートのように、女性を持ち上げるほどの上半身の力技はないのである。

面をかけることもある能・狂言の世界では、物を見る時「胸で見ろ」と言われることがある。目の球で物を見ても遠くにいる観客には何を見ているか分からない。小さい物を見る時は首から動き、顔の面を物体に正対させて見ることもある。また見る対象が一つの世界観をなすもの、例えば満開の桜が咲き誇っている状況などであれば、胸で見、その世界のエネルギーを全身で受けるのである。もっともその見る対象物が舞台上に見えることは少なく、観客には想像して見てもらうことが条件であるが……。

いわゆるスタンディング・ポジション「カマエ」では、我々は胸を張った状態にする。脱力していてはいけない。何枚か重ねた襟の下で、緊張感が必要なのだ。

声を出す時にも「胸」は重要である。腹から発せられる声は胸で共鳴増幅し、大音量となって会場に響きわたる。

腹筋は「ダンスの筋肉」という人もいる位、西洋のダンスでは重要である。骨盤を上に向けるのが基本の「カマエ」だからであろう。我々の「カマエ」は骨盤を下に向けるので背筋のほうが重要である。

おなかが出ていても問題ない。逆にお相撲さんのマワシよろしく、おなかがこんもり盛り上がっているほうが、帯の吸い付きがよいのである。いわゆるウエストではなく、腰ではくマワシや帯、袴の類は、おへその下が締めるポイントになる。おなかがこんもりしていないと帯がすっぽ抜けてウエストのラインまで上がってしまう。すると中身が縮小してしまうから、締まりが変わって帯がゆるゆるになってしまう。七五三や成人式に帯・袴がゆるゆるになっている細身の男子が多いのはこのためである。「青年諸君、帯・袴を着る時はおなかに詰め物をしましょう」。私も舞台に立つ時、「胸込み」といって小さなふとんを二枚も入れている。中年過ぎたたいていの方は帯・袴をつける時「胸込み」は自前ので済んでいるようだ。というのも、私の属する狂言のグループでも、四十歳を超えた人はみな「胸込み」を使わないで済んでいる。

「腹」も声を出す時に重要である。腹式呼吸をするからであるが、横隔膜の上下にあわせて、即ち息継ぎ・発声のたびに腹は出たり引っ込んだりする。しかし帯の上にしっかり腹が据わっていれば、どんなに腹が動こうと、「腹の据わった声」が出るのである。

## 狂言と「ヒゲ」

近年男女同権の世になり、特に若い男女の性別感の差が無くなって来たといわれるようである。「男らしさ」「女らしさ」とか、「男だからこうしなくてはいけない」「女だからこうしてはいけない」などといったことは言われない世の中になった。

政治的・思想的な理由で髪を伸ばすこともない。「長髪」ではなく「カッコイイ」に加えて「カワイイ」を演出するためとも考えられる「ロン毛」なのである。私の世代まではせいぜい後ろで束ねるかバンダナをするのであったが、今の男の子はカチューシャをしている。女の子にも「キレイ」「カワイイ」に加えて「カッコイイ」というシャープさがファッションに感じられるようになった。男女の見た目の差はほとんどなくなってきたのか？

しかし「ヒゲ」は男のものである。

「ヒゲ」は漢字で書けば「髭」「髯」「鬚」などがあり、英語の「マスタッシュ」「ビアード」などと同じように、はえている部分で区別される。能面・狂言面では、青年以上の男子のものはほとんど「ヒゲ」がはえているが、能楽師・狂言師はほとんど「ヒゲ」をはやしていない。

狂言の場合、直面《ひためん》といって面を着けずに演ずるので、「ヒゲ」ははやし難い。時に回ってくる女性の役も素顔で演じなければならないからである。能のシテ方（主役及び地謡などを担当する人々）は女性を演じる時は必ず面をつけるので問題なさそうであるが、「仕舞」といって紋付き袴を着て直面で能の一部を舞うこともある。もっとも能の場合、直接的なリアリズムではないので、抽象的な存在としてその役になっていれば良い。であるならば「ヒゲ」のあるないは関係ないであろう。

狂言には「大髭」の男が登場する。頬から下に京劇のような毛の長い「ヒゲ」をつける。ただし口の大きさに沿った穴が開いていて、京劇ほど様式化されていない。「髭櫓《ひげやぐら》」「舟渡聟《ふなわたしむこ》」などがその例である。国一番の大髭といって自慢しているが女房は「むさい」と思っている。口論の末一瞬にして剃られたり、抜かれたりするのだが、それはいつも男の虚勢の崩壊を意味する。

狂言の「ヒゲ」は紐で吊ったり、耳に掛けたりするが、映像の世界での「ヒゲ」はノリで貼り付ける。大河ドラマ「花の乱」で演じた細川勝元では口髭と顎鬚を付けた。朝の連続テレビ小説「あぐり」で演じた望月エイスケでは口髭も付けたが無精ひげもほどこした。頬から下にノリを塗り、毛の粉末をまぶすのである。まじめなシリアスなシーンは良いが、撮影の合間合間におしゃべりなどして笑い転げていると口髭はすぐ取れる。上唇を引き上げて笑ってはいけないのである。

一年間英国に留学した時髪も伸ばしたが髭も伸ばそうとした。髪は一年間で「ロン毛」になったが、髭は断念した。髪のように伸ばしっ放しにはできないし、肌にデキモノなどできてしまうからである。

「女性の肌の手入れと同じようなもの」と言えば女性にも「ヒゲ」の苦労がお分かりいただけるでしょうか？

## 狂言と「背中」

能舞台というのは、基本的には張り出し舞台であり、一般の劇場の額縁舞台とはいろいろ異なる。三間四方の「本舞台」の床下には瓶《かめ》が置いてあり、足拍子の音響効果がなされ、隅々の柱が屋根を支える。能楽堂という屋内劇場の中にもう一つ、能舞台の屋根がある訳である。

向かって左、下手側には「橋懸《はしが》かり」といって長い廊下があり、主に演者の登退場に使われ、遠近感を持たせる事に重要である。ちなみに相撲の土俵のように柱を房に代えられないのは、面をかけた演者が自分の位置を知るための大切な目印だからである。

裸舞台とも言われる。舞台後方の鏡板に老松の絵、「橋懸かり」に欄干、その前に三本若松が植わっている以外は、何も無い。そこでは演者の「声」と「身体」のみが存在する。

張り出している分、演者は色々な角度から視線を受ける。額縁舞台なら観客席の方、即ち正面だけに視線がある。しかし能舞台には脇正面があり、正面への演技を真横、または後方より見られてしまう。そして一番怖いのが後見をする師匠に真後ろから監視されることである。

セットや小道具など頼る物が少ない裸舞台で視線にさらされている状況は、演者にとって苛酷である。開き直って胸を張り、背筋を伸ばして腰を入れ、肘を張り膝を軽く折り、顎を引いて真っ直ぐ前を向かねば居たたまれない。腰から下のどっしりとした安定感の上に、脊髄、延髄、頭と継げる背の緊張感・力の均衡、即ち訓練された「カマエ」のみがその状況に耐え得るのである。

私はかつてのアントニオ・ガデス、ミハイル・バリシニコフに震撼した。恐れたのではない。彼らの背から発するオーラが私の背、中枢器官を直接震わせたのである。一つ一つの技を取り上げたのではない。彼らが登場しただけで、彼らの「カマエ」に私の背中は昆虫の触角のように震えたのである。それは完璧な仏像に後光が差して見えるのと同じであろう。

能楽の先輩方からも腰から背中へ立ち昇るオーラを感じ取ることができる。私は小さい頃世阿弥の再来と言われた故・観世寿夫さんの舞台を拝見していたが、記憶に残る齢に見られたのは残念ながらビデオに残る能「俊寛」である。しかしその声・謡とあいまって強烈な印象を私に与えた。寿夫さんの背後のオーラが画面の自身の姿を立体化させ、「飛び出す絵本」ならぬ「飛び出す画面」になっていた。

師父・万作の「釣狐」は相手の役も何度かしたが後見も勤めた。「殺生石《せっしょうせき》」の説話を語るシテの腰掛ける「葛桶《かずらおけ》」を押さえるのだが、背を反射板にしてオーラがスパークするのを目の当たりにした。

こうした先人たちの「背中を」見て育ってきた私は、背中から発するオーラを身につけ、能舞台に出てきただけで、観客の背中を震わせるような、そんな「背中」、「カマエ」、身体の存在感、そして声の存在感に憧れてきた。このような私をある友人は、ラッシュ・アワーでみんなが同じ洋服で歩いていても、君だけは直ぐ分かると言ってまず「姿勢」だけは買ってくれている。

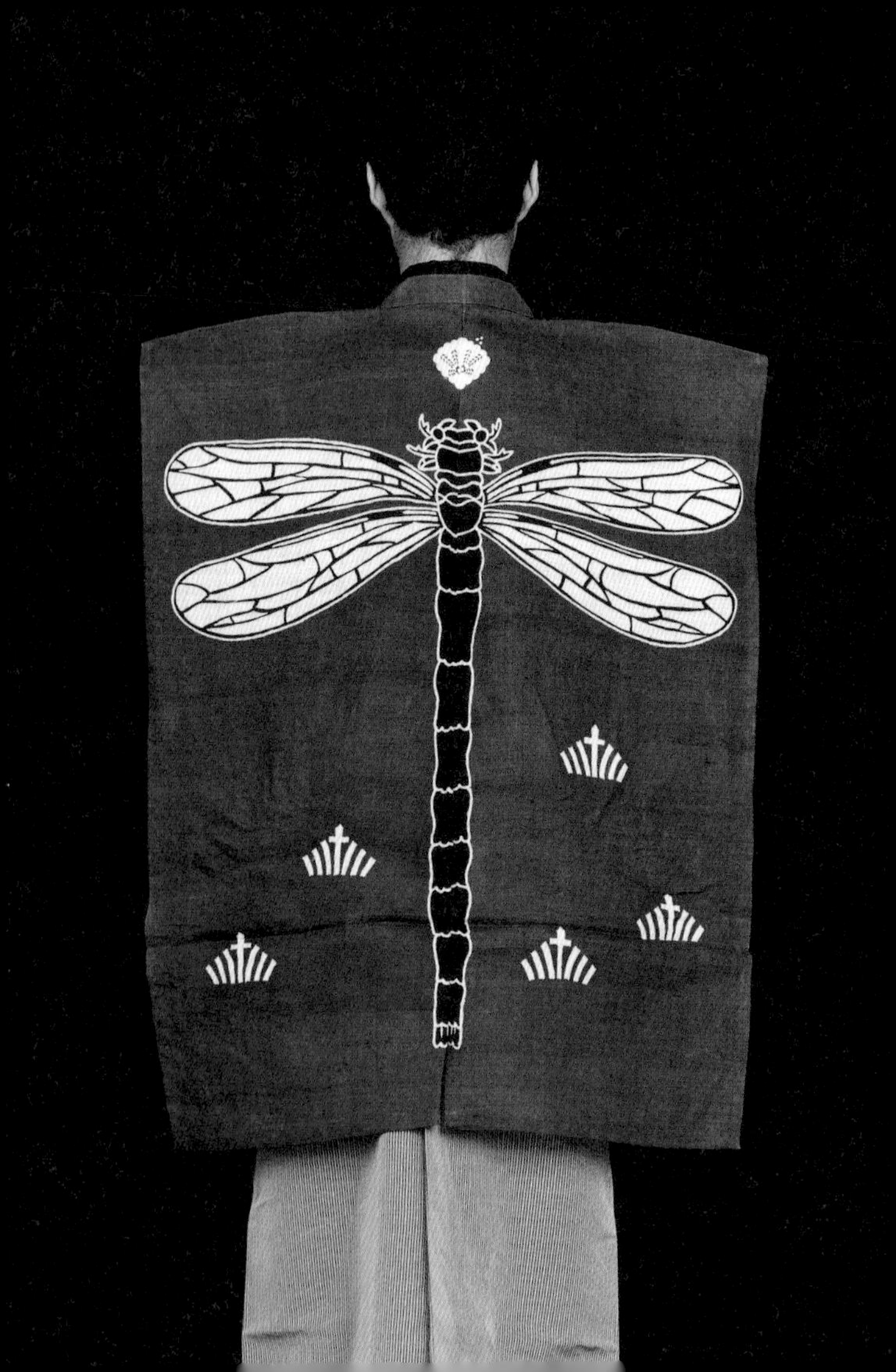

## 狂言と「腰」

日本には「腰を入れる」という文化がある。狂言のカマエにも「腰を入れる」という言葉を使う。

私は一九九四年の九月から翌九五年の八月まで、文化庁芸術家在外研修制度で一年間ロンドンにいた。シェイクスピアを中心に、演劇の勉強に行ったのだが、教わるばかりでは「ギヴ・アンド・テイク」にならない。お世話になった演劇人にお礼奉公のつもりで狂言を教えた。

「狂言ワークショップ」と名付けて狂言独自の演技術を体験してもらったが、カマエなどは避けては通れない。「先ず膝を曲げて、次に腰を入れて」などと日本語では言えるのであるが、英語で「腰を入れろ」と直訳しても意味が通らない。そも「腰を入れる」とはどういうことなのか。

私が大学生の頃、香港のダンス・フェスティヴァルに参加した。日本の伝統的な「舞」のダンサーとして「三番叟」を踏んだ。諸外国の若手ダンサーたちと交流して和やかなものだった。一人の香港代表のバレエ・ダンサーが人なつっこく話しかけてきた。

「君は腰を下に向けて立っているねぇ。僕らは上に向けて立つんだよ」。

農耕民族である日本人は、田植えのポーズがキマル。骨盤を下に向けて膝を折ったポーズである。お尻の肉を緩めた状態である。重力に沿った形で苗を植えていく。意識は「下へ下へ」である。今時のクラブにも思わず「腰が入って」踊っているお兄さんお姉さんがいるに違いない。ディスコと言われていた時代には少なからずいた。

欧州の狩猟民族は獲物が上にいることが多いせいか、はたまた馬に乗ることが多いせいか、尻を締めて骨盤を上向きにして、「上へ上へ」の意識である。故に劇場もバルコニーから天井桟敷まである高層型のものが発達し、日本は古来平屋型だとは某ダンス雑誌編集長の意見である。地震のある国とない国の事情もあるような気もするが、洋舞系のダンサーの尻が引き締まっていて良いなどと騒ぐ人がいるのは、彼らが思わず尻を締めて歩いているからであろう。

「跳ぶ」ということも実は裏がある。バレエなどは上に向かって跳ぶのだが、能楽では下に向かって跳ぶ。一見矛盾する言葉だが、跳躍には二段階あって、頂点を境に跳び上がる部分と、降りる部分がある。

「上へ上へ」のダンスでは当然跳び上がる方に意識があり、上にいる観客に対して近付くのだから、演技のヴェクトルとしても有効である。一方観客が舞台の下から見上げる能舞台では、降りる部分の方が観客に対して有効である。空中で一瞬静止し、岩のように落ちてくる所にその醍醐味を見せる。

一九九〇年に東京グローブ座で「ハムレット」を主演した。初めての洋物の芝居で、初めて靴を履いて演技をした。デンマーク王子も「腰が入って」いては様にならない。爪先を九〇度に開いてお尻を締め、カマエとスリ足を、バレエ立ち・モデル歩きに換えて舞台に臨んだ。それ以降テレビドラマで赤いスカーフを首に巻き、車を運転する演技もしたが、私の日常は従来通り、狂言の舞台に「本腰」入れて臨むことである。

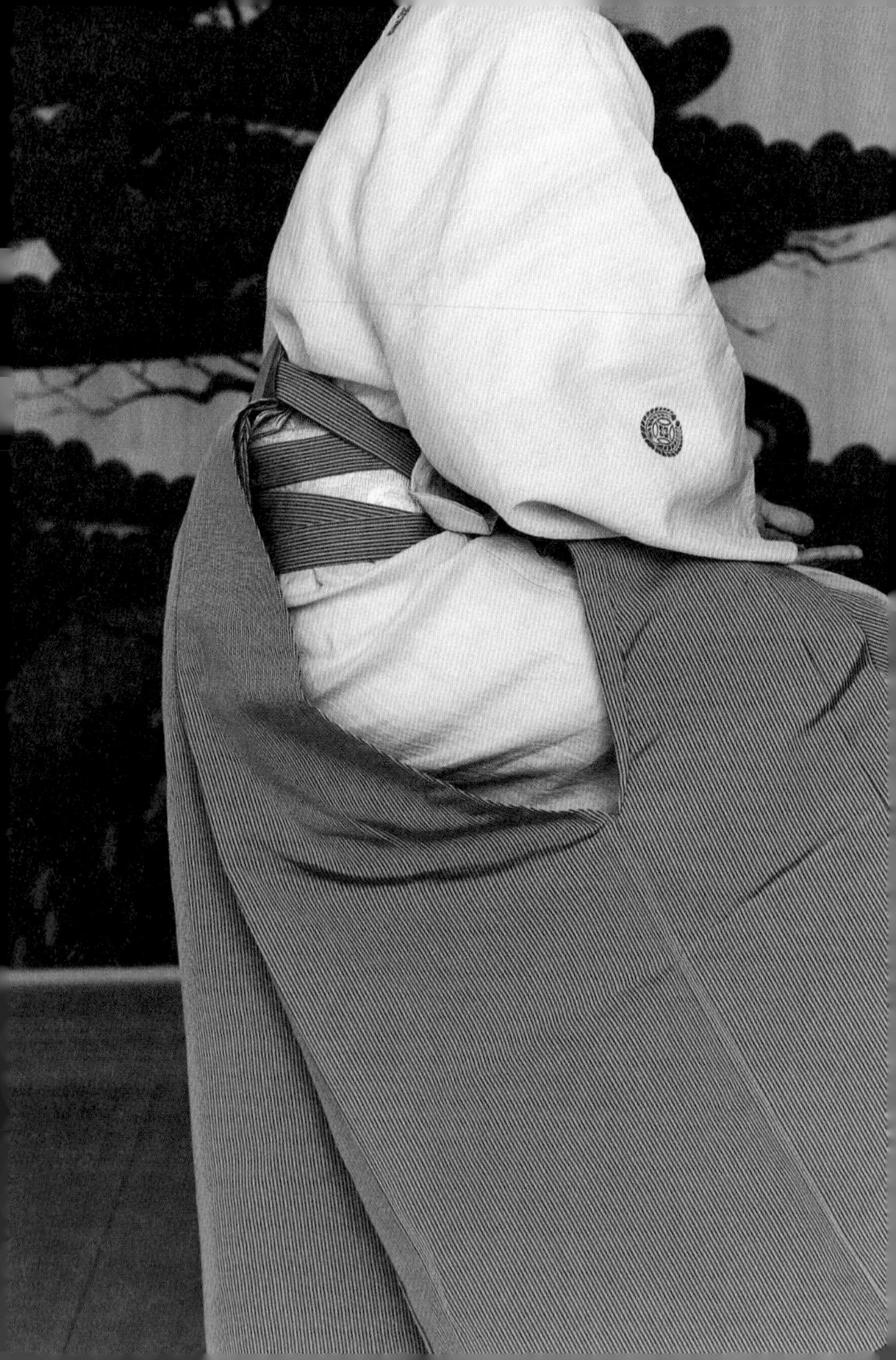

## 狂言と「手」

狂言や能ではスリ足をすることもあって、足・腰を中心にした下半身を使っての演技が多い。単に歩行を見せるだけでなく、「運ビ《はこ》」と言って役者のエネルギーのバロメーター的役割も果たす。まさに演技の根幹を下半身は担うのだが、その分装飾的な部分は「手」に負うことが多い。

単純に「手」といっても、詳しくは「指」から「肩」までを指すのであろう。その間には「手の平」「手の甲」「腕《かいな》」「肘」「二の腕」がある。

基本のスタンディング・ポジション「カマエ」では、親指を立ててその先を人差し指で覆い、残りの指は握り、手首を曲げずに肘まで一本の線を作る。手が腰の前方脇に来るよう肘を張り、「く」の字を作って肩へつながる。

「カマエ」とはフォルムとして形も重要だが、私は綿密なる角度を云々するより、バランス感覚として捉えている。要はスキ無く立っていれば良いのである。

我々の稽古方法は「師匠の真似」をすることである。当然カマエも師匠のカマエをコピーするのだが、人の身体はそれぞれ異なっている。つまり胴に対して腕の長い人もいれば、短い人もいる。人によって腕《かいな》と二の腕の比率も違う。よって師匠の肘の角度をそのまま真似ても、自身の腕のバランスにそぐわないことが多い。では師匠の何を真似るのか。それは佇まいにも似た、腕のバランス感覚である。

最近はカルチャー・センターで狂言を習う方も増えている。主に女性が多いが、その分カマエを教えることも多い。勘の鋭い人、器用な人、またそうでない人もいる。私がこうですと言ってカマエた時、バランスとして見られる人もいれば、必死に私の肘の角度を真似して私に直される人もいる。

能装束・狂言装束は美術品として骨董的価値がある物がいくつも現存する。尾張徳川家・厳島神社・細川永青文庫など、みごとな装束を伝え、写し、いわゆるレプリカも使われている。

しかし装束は所詮消耗品である。特に麻を多用する狂言の装束は痛みが激しく、古い物は使い物にならない。ことに装束の寸法は随分変わっているようである。過去の名物装束を見ても、今では二の腕までしかないようなツンツルテンの物が多い。

ところで我々能楽において、「シオル」という型は重要なテーマである。いわゆる泣く時に用いる型であるが、時代によって、また役者の好みによっていろいろに解釈される。こと悲劇たる能においては最重要な型の一つである。

「シオル」とは涙を手の平で受ける型なのだが、指先で受けるか、手の平で受けるかでフォルムが大分変わってしまう。学生の率直な感想に、「シオリ」を見て頭が痛いのかと思ったというのがあった。それは指先・手の甲を強調して額前に手を持っていったのであり、逆に手の平を強調して目にあてがえば、鼻水をすすっているようにも見えるのであろう。

手を使えば手の込んだ演技ができる。だがそれを観客が見る時、手法を感じさせずに厚手な演技ができる所に、役者の手腕たるセンスが問われるのである。

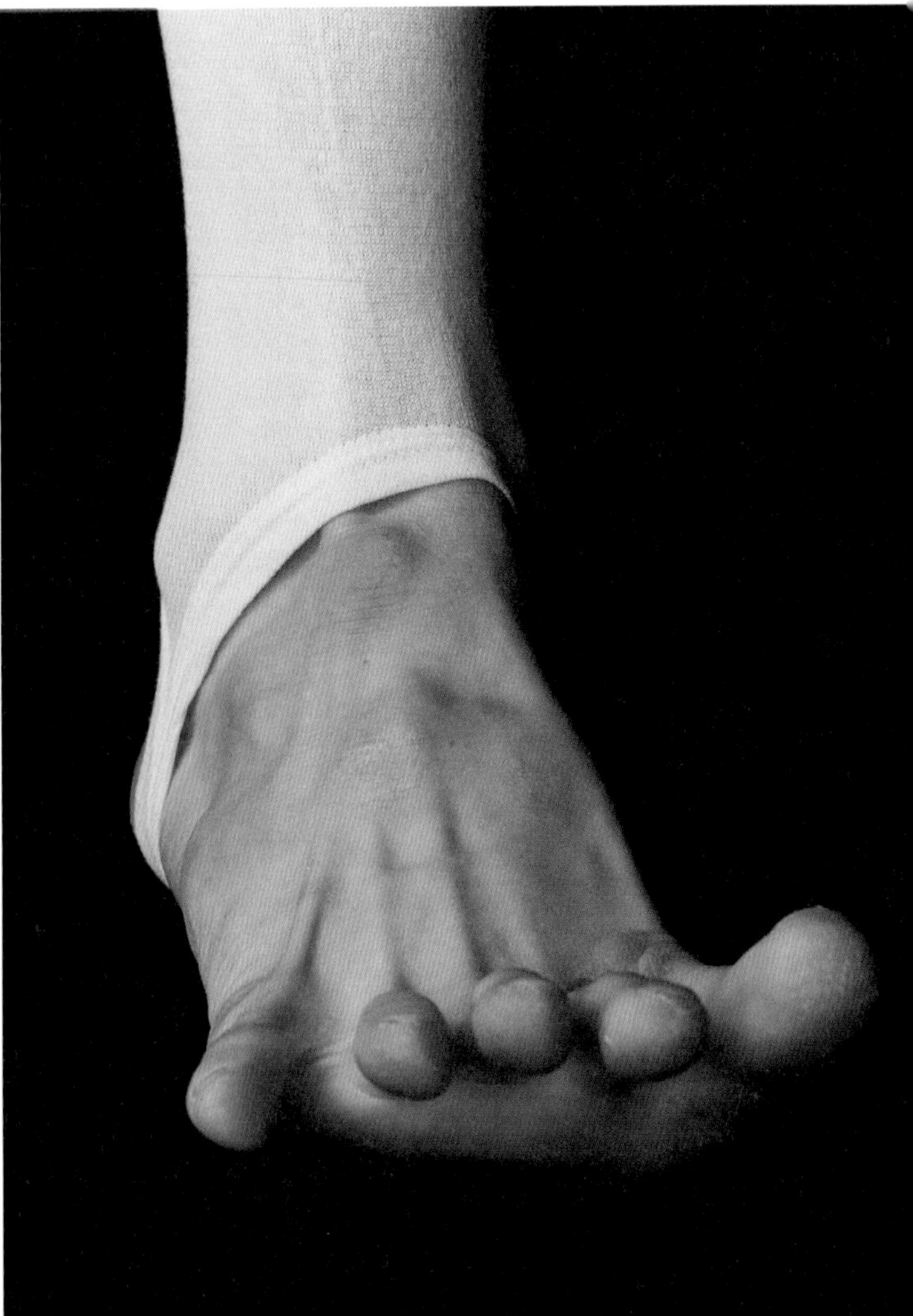

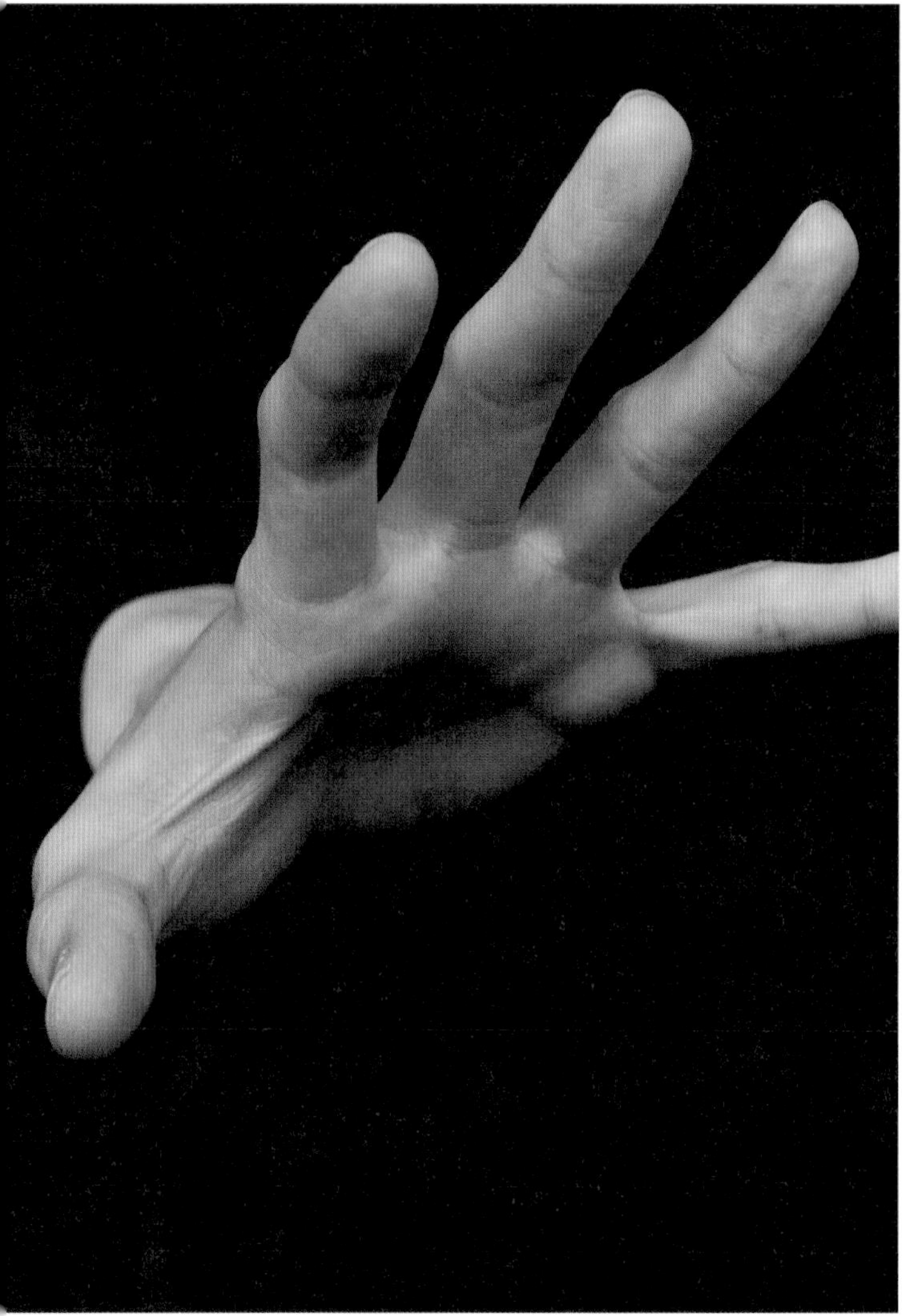

# 狂言と「足」

我々能楽師・狂言師に「足」という題目を問えば、必ず「スリ足」に言及するであろう。その位「スリ足」は我等にとって重要かつ基本的な課題である。

裸舞台である能舞台の上では「カマエ」が必要である。何も頼るセットがないから、自らの肉体をオブジェ化・記号化しなければならないのである。それに伴い歩行も記号化され、「スリ足」になる。歩くという概念より、オブジェが平行移動すると考えた方が良いかもしれない。

能楽師に「なぜあなた方はスリ足をするのですか」と問うても、上手に答えられる人は少なかろう。あまりに当たり前すぎて考えることもないからだ。

能舞台での演技を見る時、実際一番目に付くのは足である。舞台の床面が観客の目線に設定されているからであろう。「スリ足」が演技のエネルギーのバロメーターであり、リズムを作り出す。これを「運ビ」と呼ぶ。しかし同時に言えることは、演者はいつも観客を見下ろし、観客は常に演者を見上げている関係である。

西本願寺の能舞台など、旧来の能舞台に行けば分かるのは、貴人・公人は能舞台と同じ高さの所に白州を隔てて見ていたことである。一般の人は時にそのおこぼれに与って、白州が開放されて、そこで能・狂言を見ていたとも聞く。つまり主催たる人々は舞台と同じレヴェルで演技を見、一般の人は下から見上げていたのである。

地震の少ないヨーロッパでは高層建築が発達して、劇場も演者を見下ろす形になったのか。また地震の多い日本は平屋が主体で、多くの人に見せるためにも舞台を上げて見上げる形になったのか？

能・狂言の前身たる猿楽は、中国の芸能「散楽」が日本に渡来し、土俗の神社仏閣の祭事と結びついて出来たともいわれている。物真似芸が主体であり、今でも能楽の儀式たる「翁《おきな》・三番叟」は神の仮面を着けることによって神になり代わり、天下泰平・五穀豊穣を寿ぐ。つまり我々の演技の根本には、仮面を装着しての演技が前提としてあるのかもしれない。

能楽の面を着けてみれば分かるのだが、足下は見えない。今自分がどこに立っているか、常に不安である。ゆえに足下を探りながら歩いているうちにスリ足歩行になったというのは私が良く使うジョークなのだが、半ば嘘でもない。絶対的下半身の安定感の中で我々の仮面劇は成立するのである。

歌舞伎・日本舞踊の「スリ足」を見る時、エネルギーやリズム感を感じさせる我々の「運ビ」とは随分違って映る。ただ床に足を擦りつけて歩いているように見えることが多い。我々の「スリ足」とは根本的に違うようだ。歌舞伎は仮面を着けず、観客が演者を見下ろす劇場で演じるからか？

ところで私の右足の甲には「座りダコ」が三つある。正座の賜物なのだが、三点倒立にも似て三点で私の身体を支えてくれている。

一つのコンセントから何本も線を取ることを「タコ足配線」と言う。今の私は狂言師として「タコ足」状態にさまざまの活動をしているのだが、「座りダコ」に支えられて、地に足は着いていたいと願っている。

# 武司でござる
# クロニクル 1987 - 1994

## 武司でござる I

「ちりちりや、ちりちり」と謡いながら突然男の子がお茶の間の画面に乱入した時、狂言や僕を知らない人は「何これ、何やってんの」と思った事であろう。時代・文化の進化の加速度がどんどん高くなっていく今、古典というものに投身するのは時代に逆行する行為と思うだろう。しかし裏を返せばなぜ新人類の一人として数えられている僕が狂言なんてやっているのだろうと思われないか。その疑問からおいで下さってもいっこう構わない。とにかく来て下されば、狂言＝《イコール》化石の偏見は打ち砕かれると思う。伝統というものは普遍的な事をテーマとしつつ、だからこそ時代〳〵に即応し今日迄受け継がれてきているのだ。僕はこの会を通して、狂言の普遍的な事、テーマ、セリフまわし、型をまず継承体得しつつ、その様式《スタイル》の中で観客の皆さんから現代を吸収し反映していきたい。そのために今をときめく青山のスキンシップをとり易い銕仙会の舞台に決めたのだ。

それでは「ちりちりっ」と浮きに浮いて楽しみましょう。ちりちりやちりちり、ちり……。

# 武司でござる　Ⅱ

（「狂言ござる乃座」パンフレットより　一九八七年十二月十六日）

今春の四月十一日から二十一日迄、パルコ〔能〕ジャンクションⅡ「當麻《たえま》」に参加した。これは折口信夫の『死者の書』によるもので、脚色、構成、演出が渡邊守章先生、観世榮夫先生と後藤加代さんとの共演だった。去年の「葵上《あおいのうえ》」と同様、客席貫通型の舞台では、役者の肉体そのものが存在を問われるもので、ブリッジしたまま科白を言ったり、とにかく無理な体勢を強いられ、過酷なものであった。が、それは「葵上」の時の第一課題であった。今回はそれより折口の文章を読む「語り」の要素がより重要で、いわゆるその役の科白と変化に富んだ叙景を語るナレーターとしての科白の使いわけや、狂言のように様式的イントネーションをつけずに語る事は僕にとって難解であった。その技術的転換を消化しきれないまま、感情移入していたため、初日あたりではどうもテンションが上らず、納得できる舞台にならなかった。しかし加代さんや榮夫先生が本舞台で僕をリードして下さり、又一回一回の僕の試行錯誤を繰り返した結果、日々発見・進歩ができて、納得できる舞台になった。これは連続公演をしない狂言をやっている僕にとってはおもしろい体験であった。でも初日から万全でなければ本当はいけなかったのかもしれない。

又今回は芝居の中で、能装束を着て、能のシテ方が舞う「早舞クツロギ」を狂言の僕が舞った。基本動作は同じでも、やはり狂言には猛々しかったり、妙に平淡な舞が多く、優雅に舞うということはなかなか難しかった。

総論としていえば、良かれ悪しかれ、二時間以上体に無理を与えて科白をしゃべり、舞台を成り立たせる事ができたという事が、十月の「釣狐《つりぎつね》」の大きなる自信になるに違いないと思う。又全く別ジャンルの後藤加代という、技術的にもエネルギー的にも優れた女優と共演でき、色々教われた事は大いなる財産となるであろう。この収穫を後々の僕の芸に生かしたいと思う。チャンスを与えて下さった渡邊先生、共演者の方、スタッフの方に感謝したい。

（一九八八年五月十二日）

# 武司でござる III

去る十月十五日、国立能楽堂において、無事「釣狐」を披《ひら》くことができた。今の僕にとって、この事に触れざるを得ない気持ちである。しかしこの秋は殆ど狂乱的な忙しさで、なかなか省みる状況を作ってくれない。無我夢中で過す時間の中で今「釣狐」をふり返ると、あの舞台は何だか夢のように今一つ実感がない。ただ披いたらしいという感覚から、自分の舞台に今迄以上責任を感じ、下手な事はできないとプレッシャーがつのるばかりだ。しかしこの文章を書くにあたって、反省の良きチャンスと思い、とにかく今思えることを書きたい。

会当日のパンフレットにもあった様に、皆さん僕の「釣狐」に達者な芸の古狐は期待しなかったのであろう。それより二十二歳で披く「釣狐」であることが望まれたし、僕も決してうまくやろうとかいうことではなく、素直に、ストレートに今の自分というものを、大曲である「釣狐」にぶつける事が披く意義だと思ってそれに執着したのだ。その点では今回自他共に有意義ではあったと思う。三番叟、奈須与市語の披キと同じである。それらと違うのは、有意義ではあっても決して満足ができないという事である。前の二つには、ある程度「やった！」とか、「どうだ！」という気持ちになれるが、「釣狐」を終えて、とうていそんな満足した気持ちにはなれない。この曲はやはり別格すぎる、大曲といわれる由縁が身にしみてわかった。三番叟も、奈須与市語も得意としている師父が、「釣狐」に固執している理由が良くわかった。僕もこれから幾度となく挑戦しなければならない曲である。といっても今すぐは決して演《や》りたくない。三年後なり五年後なり、一つレヴェルアップした所で再挑戦したい。これは「釣狐」のみに限らず、今の僕の状況を考えるに、他のジャンルへの挑戦にも同じ事が言えると思う。今僕はもう一つの階段をよじ登る苦しさを初めて感じている。

（一九八八年十二月十三日）

## 武司でござる Ⅳ

今年五月六日から十九日迄、中国は北京・洛陽・西安で、五月二十八日から六月二日迄イスラエルはエルサレムで公演してきました。

中国へは「日本伝統芸術訪華団」と銘打って、観世清和さんを始めとする観世流シテ方、杉浦弘和さんの長唄三味線、堅田喜三久さんの長唄囃子、花柳千代さんの日本舞踊、狂言は父と小川七作と僕で、交流、紹介を主なる目的として行ってきました。戒厳令施行五時間前に帰国しましたが、情勢不安定の前兆か、なにか観客に落ち着きがなかったような気がします。根本的な鑑賞マナーが違うのか？　非常にざわついているのが気になりました。五年前行った時にはそんな印象は全く無かったのですが……。今回思い出深いのは、色々なジャンルの人達と旅行した事です。いつも能と一緒か狂言のみなので、初めての事でした。振り返れば日本の伝統芸術は閉鎖的で、そのジャンルごとの交流が乏しいのです。特に能楽は歌舞伎との接触を嫌っていた時代もあったからでしょう。それが今回の旅行で、楽屋裏を見、舞台への取り組み方を見る事ができました。狂言を現代に呼吸するものにしようとしている僕が、他の古典のジャンルの事をあまりにも知らなかった事を反省します。

イスラエルはハードでした。二日間で二公演、一レクチャー&デモンストレーションで、しかも僕は「三番叟」「棒縛《ぼうしばり》」の主、「雷」のシテを一度に演じました。この公演はイスラエルフェスティバルへの日本からの参加という事で実現され、僕が責任者としての初めての海外公演でした。石田幸雄と一緒に行きましたが、中国で買ったロイヤルゼリーが効いたか、短期決戦という事での一種の興奮状態からか、へこたれずにかなり熱演できたと思います。イスラエルという国はあまり想像がつきませんでしたが、文化レヴェルはヨーロッパと変わりなく、ただ日本文化への基礎知識が不足ぎみなのか、観客には少々戸惑いもあったようです。また若い人達が多く集まったレクチャー&デモンストレーションは、これまた僕の海外初挑戦のものでしたが、レクチャーも親密な雰囲気で、質疑応答も活発だったし、最後にアンコールの声もあがり、好評だったようです。せっかく自分の足跡がつけられたのだから、もう一度行ってさらに大きな足跡を残したい。そういう気にさせてくれた国でした（かなり遠いですが）。

八月二十八日からはソビエトに行きます。きっと又貴重な体験ができると思います。

（一九八九年六月三十日）

## 武司でござる V

前回の「ござる乃座4th」からは、三カ月ちょっとしかたっていませんが、いろいろな事がありました。七月二十一日にはニューヨークへ行き、八月二十八日から九月十二日まではモスクワ、レニングラード（現サンクトペテルブルグ）へ行き、九月二十八、二十九日には横浜博ファイナルイベント「鷹の井戸」に出演しました。ニューヨークへは、フジテレビの深夜ドキュメンタリー「新NY者」の撮影のために行ってきました。この番組は、各界の人が一日N．Y．という都会《まち》で何かをする事によってN．Y．を紹介するもので、僕は何をしたかというと、サブタイトル「武者修行 in NY」という事で、狂言の「舞・謡・科白としぐさによる演技」で世界の演劇でいう「dance sing act」にぶつけてみようというものでした。まず午前中にマイム・スタジオに行き、筋力の測定や、マイムを習ったり演技交換をしたりしました。ここで大変勉強になったのは、前後への動きのための筋肉が良く発達しているが、横への動きの筋肉が乏しいという事です。これは能楽における舞のシステムが殆ど全て前後に運動するためだと思います。仮面を着けて視界の狭い条件で舞うので前後にしか動けないのです。しかし直面《ひためん》（面を着けない）で舞うことの多い狂言には横への運動を取りいれてもいいのではと、新しい発想が生まれたような気がしました。午後にはダンス・スクールに行き、一時間半みっちりブロードウェイダンスをプロにまじって習いました。「ウェストサイドストーリー」や「サタデー・ナイト・フィーバー」のダンスは楽しかったですが、序破急のテンポに慣れている僕は均一のテンポの中で同じ事を繰り返しているとついつい速くなってリズムからハズれてしまったり、とにかく運動量が多くてキツかったです。そしてそのまま夜になるとブロードウェイのプロデューサーを日本レストランの特設能舞台に集めて「三番叟 揉《もみ》之段」「奈須与市語」「瓜盗人《うりぬすびと》」を観せました。一種のオーディションのようなものです。N．Y．に着いた次の日という事での時差ボケと、昼間の二つのレッスン、おまけにウルトラC級の演目三つで、これ以上ハードな日は一生もうないだろうと思う位でしたが、ヘタばっていた僕も紋付を着た途端復活し（我ながら自分の役者根性に驚いた）、かなりの出来で三つを演じる事ができたと思います。一種の〝勢い〟だったのかもしれない。評価の方はかなり良かったのでは？ というのも終演後楽屋にプロデューサー達がかわるがわる訪ねてきたからです。この事は実際TVを観た人の判断にまかせますが……。しかしとにかく、僕の日本での立場やおかれた状況を全然知らず、世界中のいいものだけを選んで観てきているプロの目が、あきずにちゃんと観てくれた事は大いなる自信となりました。超ハードな一日ではあったけれど非常に有意義であったと思います。それをわずか三十分にまとめてしまうのはあまりにもったいない気がしましたが、三十分の中にうまくまとまっていて、番組じたい大変気に入っています。御希望の方が多ければ、他のビデオと合わせて試写会のようなものをやってもいいなと思っています。御希望の方はその旨をアンケートに御記入下さい。

モスクワ、レニングラードへは、野村狂言団（団長・野村万作）訪ソ公演という事で行ってきました。アメリカその他の国に何度となくチャレンジしてきた父のライフワークともいうべき、長年の夢の公演でした。又今回は能楽海外公演初めての同時通訳イヤホンガイドを取りいれ「木六駄《きろくだ》」や「鎌腹《かまばら》」など、海外では難解と思われる曲もやりました。イヤホンガイドは非常に効果があり、昔の日本語を現代ロシア語に訳すため、日本以上に反応する所がいくつもありました。鑑賞マナーもとても良く、ヘッドホンで片方の耳でロシア語を聞き、もう片方はヘッドホンをはずして僕らの声をしっかりと聞いてくれました。そのため千人近い人のヘッドホンの片方から音がもれ、演じている僕らの方にも通訳が聞こえ、こちらのセリフの間が延びぎみになる事もありました。通訳の声が切れないと次のセリフが何となく言いにくいのです。しかし次第に慣れ、いつもの通りできました。文化・芸術の都市《まち》を誇るレニングラードは特に熱心に観てくれて、最終公演のカーテンコールでは、観客総立ちで「ブラボー」の声、さらには「スパシーバ」（ありがとう）の声まであがり、僕の海外公演の中でも一番の充実感をもって終わる事ができたと思います。僕はAプロで「二人袴《ふたりばかま》」のシテ、「木六駄」の主、Bプロでは「鎌腹」の女、「茸《くさびら》」の姫茸《ひめたけ》と、最多出演を果しました。

「鷹の井戸」は、アイルランドの詩人W・イエーツが能を意識して作ったと言われる詩劇で、観世榮夫さんの演出、大岡信さんの脚色、一柳慧さんの作曲、竹屋啓子さんの振付で、共演は（八世）観世銕之亟《てつのじょう》さんと前田美波里さんでした。新作能「鷹姫」として度々演られていますが、今回は原作に近い形で脚色し、全体には、オペラあり、芝居あり、ダンスありといった総合舞台芸術劇的なものでした。僕の演じたクーフリンという役は、父が「鷹姫」で空賦麟として得意としていたもので、あこがれの役でした。吹きぬけのYESホールは他のイベントの音を遮断する事はできず、密度を損ねる結果を作りましたが、バレエやモダンのダンサーとの戦闘シーンでは、狂言の舞とは全く離れて踊るというかつてない楽しい経験となりました。また初めて靴をはいて芝居をしたのです。忙しくも楽しくいろいろな経験のできた有意義な夏でした。この秋冬、そして春夏といろいろ経験して成長していきたいと思います。

（一九八九年十月十九日）

## 武司でござる Ⅵ

前回の「ござる乃座5th」迄、青山の銕仙会の舞台を使わせていただきましたが、この度は水道橋の宝生能楽堂を使わせていただきます。（間違えて青山の方へ行かれている人はいないだろうなぁ。）青山の舞台はキャパシティーも二百から三百人と、ござる乃座の規模としては適当でありますし、コンクリート打放しの壁面も近代的で、玄関も大《おお》仰《ぎょう》でなく初めての人も入りやすい。又何と云っても青山という所は僕らにとって親近感を呼び、買い物、食事とかの余暇の一部として狂言を見ていただけたらという願いと、未熟な芸を若さで押すには、ちょうどいい〝ライブハウス〟になりやすい能楽堂という条件を満たしてくれます。ただその一方で橋掛りが短かったり、〝ライブハウス〟が僕の芸にプラスになるか？（ござる乃座にも段々特有のノリが出て来てますし）等の問題がありますので、それをパラリと打ち切って、東京一と言われる宝生で、たまには足をゆっくりのばして観ていただこうと思いたった次第です。その分大曲の「朝比奈」と大勢物の「千《ち》切木《ぎりき》」で橋掛りも存分に使わせていただきます。又舞囃子「小《こ》袖曾《そでそ》我《が》」では喜多流の井上雄人君と狩野了一君に出ていただきます。彼らは年は僕より一つ下で、内弟子修業中ですが、意気揚々としている期待の新鋭です。

「ハムレット」を五月四、五日と大阪近鉄アート館で、五月八日から十二日迄東京グローブ座でやりました。観て下さった方も多いと思いますが、渡邊守章さんの訳・演出で、湯浅実さん、塩島昭彦さん、後藤加代さんと「円」の役者さん達にお相手していただきました。「ハムレット一人主義」ではなく、もっと「ファミリー」としての視点からの演出で、上演時間が三時間四十分でした。普段二、三十分が多い狂言をやっているせいかエネルギー配分が難しかったです。三カ月、当然ながら狂言の舞台、稽古と並行しての稽古はつらいものでした。とにかくセリフが多い。覚えても覚えてもまだ覚えなければならない。幕が開くまでに何とか間に合ったという感じでした。今まで僕が出た芝居をふり返ると、能ジャンクション、横浜博の「鷹の井戸」と、能楽様式だったり、共演者が二、三人、しかも観世榮夫さん銕之亟さんのような旧知の先輩方でした。今回の様に多人数でしかも殆ど未知の新劇の方というのは初体験でした。相手と合わせる呼吸がわからなかったり、狂言独特のセリフの抑揚をおさえ、日常的、素に近い演技をしたり、かなりやりにくかったです。舞台での立ち方も、腰をいれず、バレエの様にどちらかというと骨盤が上向きになる様努力しました。そういう意味では、数ある「独白」の方が気を使わずに楽にできたと思います。一人の声と体だけが存在する空間、狂言の「語り」で身につけた技法と自信で演じる事ができたと思います。その点で今回一番強く感じた事は、僕がうまく演れた演れないは別として、「ハムレット」という戯曲、又その役柄は狂言師にとって非常に有利なのではという事です。先にあげた独白もそうですし、狂気を装ってからの道化的場面の喜劇性は狂言に通じます。日常では赤面してしまうような韻文も様式的に処理できます。やはり古典同士という事で近い部分があるのではないでしょうか。今回の出演についての許可を得るために父に話した時も、第一声は「俺も昔、武智鉄二に『万作にハムレットを演らせたい』と云われた」と申しておりました。歌舞伎の役者さんはいろんな人がやってますので、他の狂言師のハムレットも観てみたいものです。反省の方はというと、どうも僕は根が明るいせいか、全体を貫く暗さがなかった様に思います。「釣狐」の時も同じ反省を覚えましたし、どうも体当りの演技による若さの発散で抑制がなくなる。全体への細かい一貫した配慮がコントロールできない気がします。ただ、あまり性格等を自分なりに読み込んでその通りに演じるのは、その人物が小さくなってしまうし、回を重ねても進歩が少ないのではとも思います。新劇にはこの傾向が強過ぎる気もします。「芝居というのは昔も今もいわば人間の本性に対してさし出す鏡」なのですから役者はある程度の手引きはしても、判断はお客さんにゆだねるべきではないでしょうか。しかしシェイクスピアの「ハムレット」は偉大です。何度演じても飽きないどころか、演る度に発見があり、又文章のすばらしい事！　読む度にどんな精神状態でも親近感を感じさせ、時には重く、時には軽く心の鏡を照らしてくれます。こういう楽しさを味わえる様になったと思ったら楽日を迎えてしまい、何とも残念でした。又是非再演したいと望むばかりです。やはりもう一度第三独白「To be or not to be」をやりたい。カーテンコールでビートルズの「LET IT BE」を渡邊先生にお願いしてかけていただきました。歌、言葉として一番好きな曲というだけでなく、「To be or not to be」と悩むハムレットも死に際に「Let it be」と云うのです。「なすがままにせよ」（芝居の中では「どうともなれ！」と云いましたが）「人事を尽して天命を待つ」と同義に考えている好きな言葉です。しっかり修業して、「なすがままになる境地に入れたら」と思います。

「俺なんかポールと一緒にLET IT BE歌った事あるんだぜ!!　東京ドームでだったけど」

（一九九〇年六月二十二日）

# 武司でござる Ⅶ

この文章を書く時はいつも、前回から今回迄の約半年の間の大きな出来事、トピックスの様な事を書いてきました。例えば「ハムレット」の事とか、海外公演の事とか。ところが今回はそういう話題が全然ない。逆に云えば普通の狂言師の生活を送っていたわけです。というわけでいつもの様には書けないので、野村武司という狂言師の普段の生活状況を今回は取り上げたいと思います。マスコミからのインタビューで一部暴かれてはいますが、自分自身が文章にするのは初めてです。

まず最初はおおざっぱに年間的なスケジュールですが、これは私事ではなく能楽界全体の傾向だけれども、一月というのは舞台数はそう多くありません。たゞ正月という事でおめでたい曲の「翁《おきな》」が出たり（一月十五日の翁の三番叟は是非観て下さい）、大曲が出たり、気持ちが引き締っていて充実感を覚えます。二月三月は決算やら入試やら学年末試験やらでお客さんの方が忙しいせいか、はっきり言ってこちらはひまです。それで芝居なんかの話があるとこの二、三月で稽古をして、四月又は五月に本番というシステムになるのです。四月から五月へと段々忙しくなり、六月は能楽界の第一次ピークで忙しい（ござる乃座をやるせいもあるけど）。そして夏ははっきり云ってシーズンｏｆｆ!!という感じだったんだけれど、近年の薪能ブームで地方公演が多く舞台数以上に疲労度が大きい。しかし平日は割とあいているので狂言の稽古の集中期間を取る事が多い。「三番叟」も「奈須与市語」も「釣狐」も夏に特訓したわけです。一般的には若き青春の夏を三度も逃したとも云えるけど……。今年は独り暮らしを夏だけして大いにenjoyしたぜ!!　ガハハハ……。さて九月頃になるとそろそろ恐怖の秋、芸術の秋とも云うけれど、舞台数が急上昇し始め、毎日の様に舞台があり（もちろん演目は日替り）、催しが多いせいで会場が取れなくて十二月にずれ込む会も増えて十二月中頃までセリフの暗記との闘いです。そしてクリスマスから正月三が日迄は何もなくて唯一普通の人間らしく忘年会新年会に没頭し野村家代々の酒飲みに専念できるのだ。ところが今年は乱能と云って、狂言師が能を舞ったり、囃子をやったり、シテ方が狂言やったり、囃子方が能を舞ったりする半分勉強半分遊びの会があって又覚え物を抱える状況です。

さて今度は狂言師の一日を取り上げてみると、午前中は稽古なり申合せ（＝リハーサル）があり、午後は覚え物をしたり父の雑用をしていて、夕方は装束を揃えて二十kg以上の重いトランクを車に積み込んで夜の公演に行き、公演が終われば装束を干したりしまったりして帰れば十時をまわって風呂入ってビール飲んで鍋食って寝る（鍋物を食べるのは父の専門だが）。「食う、寝る、遊ぶ」という流行語があったが、秋の忙しい時は、「食う寝る覚える」でせいぜい遊びが最低手段の電話となってしまう。この不幸な二十四歳の若者に幸せあれ!!　人間遊ばにゃ幅が出来ん!!

ところで来年は、「浪人盃《ろうにんさかずき》」「彦市ばなし」と、この欄の話題も豊富！　お楽しみに！

（一九九〇年十二月十九日）

# 武司でござる Ⅷ

本日は「狂言ござる乃座」へようこそおいで下さいまして有難うございます。このたび「金岡《かなおか》」を披きます。「三番叟」「奈須与市語」「釣狐」と披いてきましたが、今回初めて父の会ではなく、自分の会での初演という運びとなりました。これは皆様方のおかげで、「ござる乃座」を通して新しい自分の観客をつくろうとしてきた事の成果と思い喜んでいます。

「金岡」を披くに際して三年前の「釣狐」初演以来の事をふり返ってみたいと思います。「釣狐」が芸大四年生の時であり、卒業以来まさに逃げ道なしの狂言人生となりました。一般的には卒業してどこかの会社等に属することで大きな切り換えがあるのでしょうが、私の場合はもとく、「狂言師」と「学生」である事が共存していて、単に「学生」という事がなくなったという状況でした。「学生」を遊びの為の逃げ道として来た私には狂言三昧の日々がうっとうしく煮えきらぬ面もありましたが、年々私にかかってくる責任も重くなり、「狂言師」としての自覚も大きくなってきています。又だんだん教わる立場と同時に教える立場にもなり、東大教養学部表象文化論の一講座を受けもったり、五狂連（現・六狂連）のうち、共立女子大、お茶の水女子大、東京女子大の狂言研究会を指導しています。他人に教える事によって自分が整理される部分があるという事も発見しました。

狂言もやってみたい曲の好みが変わってきて、人が私に対して持っているイメージとは異なった、「朝比奈」「悪太郎《あくたろう》」などを好んでやってもがいている状況です。

その意味では先月六日間演じました「彦市ばなし」の彦市は良い勉強になりました。笑いは殿様や天狗の子にさらわれましたが、辛抱して進行役と心得、それでいて主役の重さがなければならない彦市、ぬけてはいるけれどもずる賢い彦市が、軽いいたずらっ子に映ってしまうのが自分で演じていて分かる程でした。セリフの中で「嚊《かか》」と女房を呼ぶのですが、人によっては母親を呼んでいるのかと思う始末。大人の芸、重い存在感への道のりが感じられてしまう限りです。しかしその分、本日の「金岡」に、この三年間で苦しんだ成果が少しでも現れたらと思っています。

今回小川七作さんが「奈須与市語」を抜きます。彼が彼なりに取り組んできた狂言への姿勢が皆様に伝われればと願っています。

最後に「釣狐」初演の時と同様に今回のチラシをデザインしていただいた松本隆治さ

ん、撮影していただいた大山千賀子さんに厚く御礼を申し上げたいと思います。

（一九九一年七月五日）

## 武司でござる IX

今回は舞囃子「高砂八段之舞」を観世暁夫さんにお願いして、僕は「末広かり」、「節分」を演じます。我々の演目の中には季節感の強いものや、季節を主題にしているものが多く、正月には「翁、脇能、脇狂言」などのおめでたい番組が良くみられます。中でも「翁、高砂、末広かり」というのは一番ポピュラーなワンセットで、今でも「式能《しきのう》」という催しは初めがこの番組に決まっています。二月は何といっても「節分」。僕が非常に気に入っている曲の一つで、これ演《や》りたさに一月の末に「末広かり」と組合わせてこの会を企画しました。春は花を主題に「花折《はなおり》」「八句連歌《はちくれんが》」など、夏は「蚊相撲《かずもう》」「水汲《みずくみ》」「水掛聟《みずかけむこ》」「雷」など、秋は「萩大名《はぎだいみょう》」「栗焼《くりやき》」など、冬には雪の狂言「木六駄」、年末に「福の神」など日本の四季に応じた曲を演ります。

観世暁夫さんはここ銕仙会の当主観世銕之亟さんの長男で、僕より十歳位年上の一世代上の方ですが、立派な体格をいかしての太い通る声にあこがれて、一時能の謡をお習いした事のある方です。今でも「乱能」等の時にお世話になっています。

　昨年十一月にイギリスで行われていたジャパンフェスティバルに狂言版「ウィンザーの陽気な女房たち」（原作W・シェイクスピア）の「法螺侍《ほらざむらい》」（翻案高橋康也氏）で参加しました。ウェールズの首都カーディフとロンドンで公演しましたが、日本よりずっと反応・評判が良く、成功したといえるでしょう。日本では原作のポピュラリティーも低く、狂言の演出方法でという事になると肩ひじはって観るという態度の人が多いので、こちらもかなり硬い感じで演じてしまうのですが、さすが本家のイギリス人は原作、特に主人公のフォルスタッフ（洞田《ほらた》助《すけ》右《え》衛門《もん》）に愛着をもっており、笑劇である事を踏まえて、演出でどうとかという事よりも、まず単純に笑いに来たり、楽しんでやろうという接し方をしてくれたので、こちらも心をオープンにして伸び伸びと演ずる事ができました。逆にこの作品の演じ方を教えてもらえた位の気がしています。とにかく好評で第二弾のリクエストもかなりあり、高橋先生をはじめ、我々も満足しています。明日も水戸芸術館で、装置を作って下さった磯崎新さんの展覧会に合わせて公演します。

　ござる乃座も次回で十回目を迎えます。これを記念して初めて国立能楽堂を借りてにぎにぎしい会にしたいと思っています。乞う御期待の程よろしくお願い申し上げます。

# 武司でござる X

（一九九二年一月二十六日）

本日は「狂言ござる乃座」第十回記念公演にお越し下さいましてありがとうございます。一九八七年十二月十六日の第一回目から年二回のペースで五年間、もう十回目か、もう五年経つかと驚いています。皆さんはそのうち一体何回観て下さってるのか、青山銕仙会から国立能楽堂迄来られた皆勤の人はおられるのでしょうか。

「狂言ござる乃座」は私、野村武司が狂言師として生きていこうと思った時から頭にあった事を具体化したもので、「現代に呼吸する狂言」を演者・観客一体となって考える場というのを目標にしています。ひらたく言えば、自分の狂言観客層の開拓です。やはりこれから懸命に狂言をやっていくという時により観客を得たいと思います。その為にまず第一に、今迄父達によって築き上げられた狂言をしっかり受け継ぐ。芸の研鑽《けんさん》・古典のレパートリーを増やす。第二に演者・観客のコミュニケーションを持つ、座談会・アンケート等。第三に新作・復曲等、現代の感覚・アイディアを盛り込んでの狂言を取り上げる。しかしこれらは目標というより、実際には大いなる理想になってしまっている気がします。第一はともかく、第二の為に「コミュニケーション」と名付け、終演後に演者・観客の座談会の時間を設けましたが、双方共に狂言に対して未成熟であったりして、どうも思うように意見の交換ができず、ただ「ファンとの集い」になってしまったりでした。とはいっても成果も大いにあると思っています。五狂連の学生につくってもらっているサブパンフレット（演目の中に出てくる難解な言葉の説明を載せた別刷）、特に「語句説明」は観賞の邪魔にならず、しかも古典に多い「言葉が難解」というストレスをなくしてくれると好評を得ています。又アンケートの回収率も良いです。

十回目にして初めて「越後聟《えちごむこ》」という復曲に近い物に取り組めましたし、これを一区切りにして、十一回目からは又新たな形での再出発をしていこうと思っていますので、今後とも御支援賜りますようお願い申し上げます。

## 越後聟について

この曲は和泉流現行曲二百五十四番のうちの一つで「一番聟」と称し、元来は「釣狐」「花子」の下に位置するわけですが、又三郎家の物を宗家が所望して云々等の事実もあり、又古い資料・文献は殆どないようで、割合新しい作品のせいかこなれてなく、六義《りくぎ》（狂言の台本）を読んでも「つまらない」というのが本音です。しかし近年の能楽界での復曲、新演出ブームに、台本に手を入れる事にも柔軟な風潮なので、思いきって生かす所は生かし、捨てる所は捨て新しいアイディアをいれて武司版「越後聟」として今回つくりました。乱能で二回「石橋《しやつきよう》」で獅子を演じたこと、又今回の獅子舞のもとになる「越後獅子＝角兵衛獅子」のアクロバットへの挑戦意欲が原動力となっています。

もともとこの曲は非常に単純な曲で、越後の聟が聟入り儀式に獅子舞を舞うというだけのもので、獅子舞になる迄だらだらと盃事をくり返します。姉聟の勾当《こうとう》（検校の下、座頭の上の盲人の官位）がいる為に舅→聟→勾当→聟→勾当→舅と盃がまわりそれぞれが飲むのをお客さんは観なければならないという接待の酒宴よりもつまらない状況です。これを簡略化して、舞や謡の芸を盛り込み盃事を儀式から遠ざけ家族的ムードを出します。その為にまず単なる舅を芸能好きな舅に、単なる聟を芸能者にしました。是によって盃事の合間〳〵に舅の所望によって聟と勾当がかわる〴〵軽妙と重厚の対比で芸を披露し、聟入りの酒宴の儀式をかりての芸尽しの曲として生まれかわるのです。もと〳〵勾当が「海道下り」「平家」をするのですが、それに対して入事《いれごと》として聟が「鶉舞《うずらまい》」「羯《かつ》鼓《こ》」を舞い、その頂点に獅子舞をもってくるわけです。獅子舞に関しては、笛の一噌幸《いつそうゆき》弘《ひろ》氏と太鼓の金春國和氏による全く新しく作曲されたもので、森田流・藤田流のものを参考にする考えもありましたが、どうせつくるならという事で棄却しました。舞の方は新潟県月潟村の保存会に伝わる、越後獅子の技、金の鯱《しゃちほこ》・蟹の横這い・獅子の乱菊等にアクロバットや能の獅子舞をアレンジし、是も全くのオリジナルです。
二十代のうちにしかできない曲なので、後残りの三年余のうちに何度かやれたらと思っています。皆様の御意見・御感想をお待ちしております。又作品研究に御協力下さった方々に、この場を借りて御礼を申し上げたいと思います。

（一九九二年七月二日）

## 武司でござる XI

去る、九月十七日から十月二日まで、アメリカ公演をしてきました。父が精力的に続けてきたアメリカ公演の集大成として、父の渡米三十周年、日米協会の新劇場の柿落しの目的もあり、普及用の狂言だけではなく、大曲をもぶつけるものでした。私はニューヨークでは「釣狐」、サンフランシスコ、ロサンジェルスでは「三番叟」を踏み、セカンドメインアクターとしての重責は苦しくも快くもあったと思います。いつもならば観光、ショッピングと遊び気分もずい分ありましたが、今回は深酒もせず？　舞台の事が常に頭から離れず、何かに憑かれたような集中力が持続でき、それなりの舞台成果があげられたと思います。やっと狂言師としての自覚ができたという所でしょうか⁉　「釣狐」は少々難解であったのか、又曲の特殊さに観客は面喰らっていたようでしたが、終演後、熱心なお客さん達に多くの質問を受けたりしました。「靭猿《うつぼざる》」も一緒に上演しましたが、こちらはちょうど「太郎次郎」の猿廻しのコンビがセントラルパークに来たり等あって、たいへん喜ばれました。「三番叟」はマイケル・ジャクソンのようだったといわれましたが、いちおう大讃辞ととっておくべきでしょうか？（十二月三十日に東京ドームアリーナ前から十列目のかぶりつきで観たマイケルはやっぱりスゴかったし）他に父の「木六駄」、私と叔父・万之介との「二人袴」等がありましたが、度々行くアメリカには、ファン、知人、友人もいて、どこへ行ってもあったかく歓迎してもらい、又喜んでもらって、三年に一度は行きたい気になります。又今回ラッキーだったのは、ニューヨークのわずかな休憩時間の間に近代美術館でマティス展を観られた事です。時間が少なく、全部は観きれませんでしたが、彼の包容力、そして、長生きした味わい、まるで狂言道にも通じる晩年の深みを感じる事ができました。芸大時代、上野の美術館の横をいつも通りながら、一度も入らず、美術に関心をもたなかった事を後悔しています。

一番印象に残った出来事は、今回スケジュールの都合上、シスコ、ニューヨーク、ロス、ピッツバーグと三回東と西を行き来しロッキー山脈を三度越えましたが、その度に飛行機は大きく揺れ、特にニューヨークからロスへ向う時の揺れは激しく、「釣狐」を無事演じ終えた充実感を地球が戒めるが如くで、急転直下に人間の存在の小ささを感じました。人間も所詮大自然の一部、気圧がいたずらすれば、その存在も簡単に断つ事ができてしまう、ちょっぴりむなしさを覚えた瞬間でした。

さて、ござる乃座も十一回目という事で、再出発です。これからも狂言の登場人物の如く不屈のバイタリティーで臨みますので、御支援の程、よろしくお願い申し上げます。

（一九九三年二月十一日）

## 武司でござる XII

今回のござる乃座は「鳴子《なるこ》」と「博奕十王《ばくちじゅうおう》」を取り上げます。あらすじや解説は五狂連のページに任せまして、それぞれの曲のエピソード等について触れたいと思います。

「鳴子」は太郎冠者と次郎冠者が「曳く物尽し」の謡をうたいながら鳴子を舞がかりに

曳く舞歌音曲性の強い作品で、両冠者の謡と舞のコンビネーションプレーが見所です。近年迄は万之丞（現・萬）、万作兄弟がその息の合ったコンビネーションで、太郎冠者次郎冠者を交互に交換して演じ、「野村兄弟の曲」という印象が能楽界にはあるようです。祖父・万蔵と父、又は祖父と伯父の組合せもあったようですが、相当昔のようですし、野村狂言の会でも兄弟以外の組合せは見当らず、昭和五十五年の兄弟での公演が最後です。他の会では国立能楽堂の一年目、魅能舞、東京やるまい会（昭和六十一年）がありましたが、野村家では七年ぶり、父兄弟以外の組合せでは十年をこえる年月はゆうに経っていると思われます。

春のござる乃座11ｔｈの「田植」で植えた苗がちょうど実って、この初秋の12ｔｈでは鳴子で鳥を追うという関連も多少はつけたつもりですが、深刻な冷夏で、農家の方々には皮肉に映るかとも思って心配です。

「博奕十王」は狂言ならではの荒唐無稽な作品で、アイディアとして実にユニークなのですが、それ程上演頻度は高くありません。国立能楽堂ができて、ここ数年はしばしば見かけますが、その度に少しずつ工夫がなされてきました。梅若会が「課題曲として」曲の見直しをしてきたように、今回はいつもより突っ込んで正すべき所は正し私なりのアイディアを盛り込みました。先年国立能楽堂で復曲された「餓鬼十王」等の経験を生かし、主には「地獄草紙」等の地獄絵巻の世界をビジュアルに提示しようというのが狙いです。（今地獄といっても具体的には何も思い浮かばない時代ですから。）今迄眷属《けんぞく》の鬼達は狂言の他の作品にならって竹杖を持って責めていたのですが、地獄草紙等を観ると、斤《おの》、鉾《ほこ》、鋸《のこぎり》といった当時の武具を持って責めていますので、「髭櫓《ひげやぐら》」の打物長道具を地獄用にアレンジし、鬼達に持たせます。又浄玻璃《じょうはり》の鏡も今迄は金札と同じ様に一畳台に突き立てていたのですが、草紙にならって鏡台を別に作り、最後尾の鬼に背負わせて持って出させます。これは単なるアイディアではなく、我が家の六義（台本）に、「松山鏡の作物を出す」とあるのを採用したわけです。又演出上今迄は誤りがあって、閻魔大王が「則ち鉄札の表を読うで聞かせう」といって金札を見ていたのですが、「餓鬼十王」同様に鉄札をあらたに創作し、浄玻璃の鏡が突き立ててあったところに立て、それを大王が見る様に改めました。また金札を博奕に賭ける時に「これは衆生の罪科をしるす金札なれどもこれを賭くるぞ」とまたもや鉄札金札を混同していたので、「鉄札なれども」に改め鉄札を賭けさせ、善人を極楽へ送る金札を最後に賭けさせます。こうして論理的に筋を正したつもりです。

普通のお客さんにはあまり関係のない事ですが、狂言は六義が全て公表されているわけではなく、能楽研究家、評論家も能なら観ていてすぐ違う事をした、工夫をしたと分かりますが、狂言は工夫をしても分かる方がいらっしゃらないと思いましたので敢えて書きました。

七月三十一日から八月四日迄は北九州の響ホールオープニングフェスティヴァルに参加しました。室内楽用のホールで音楽監督はヴァイオリン奏者の数住岸子さんです。彼女が〝アエラ〟の私の記事を読み、興味を持たれたようで、今回お誘い下さいました。三十一日の前夜祭を任され、柿落しにふさわしく「三番叟」を踏み、「言葉、ことば、コトバ」と題して、ハムレット第三独白を、コンピューター音楽家、作曲家そしてピアニストの高橋悠治さんとセッションしました。あらかじめ高橋さんのサンプラーに私の声を入れておき、多重的、輪唱的に語りを聞かせたり、表情をそれぞれ変えた「生きる、死ぬ」等の言葉をランダムに語りにのせたりして、言葉の語感表情等を遊戯的に示したつもりです。これはとかくモールス信号のように言葉を扱う新劇への訴えのつもりでセリフの音楽性を大事にして欲しいという思いで作りました。興味のある方は十一月二十九日に横浜へお出で下さい。

しばらくお休みしていた現代劇への挑戦も十二月の「テンペスト」より再開の兆があります。乞う御期待!!

（一九九三年九月十日）

# 武司でござる　XIII

十二月東京パナソニック・グローブ座、一月は新神戸オリエンタル劇場にてシェイクスピアの「テンペスト」のエアリエルという空気の精の役で出演しました。現代劇は「ハムレット」主演以来三年振りの事でしたが中々意義深いものでした。演出は、カナダ・ケベック出身のロベール・ルパージュで今もっとも注目、そして期待されている新進演出家の一人です。出演は平幹二朗さん、上杉祥三さん、毬谷友子さんをはじめとするグローブ座カンパニーに、グローブ座支配人の田村さんたってのお願いという事で私が特別出演しました。芝居の方は、ロベールのかなり実験的なパネルを上下左右させる演出、即ち芝居の平面化、映画的化する演出と、張り出し舞台にしての演出がもっとも効果を上げるグローブ座との不調和が目立ったように思われます。又一カ月で、ケベックの劇団の三本の芝居の面倒を見、自分の独り芝居をし、グローブ座カンパニーで「マクベス」と「テンペスト」を新演出しなければならなかったロベールは気の毒な位で、出演者の演技の質の差を統一したり、調和させたりする迄至らなかったと思います。私の反省点としては、ハムレットの時以上に狂言での責任が重くなっている状況で、狂言の方は殆ど手綱をゆるめる事ができず、芝居の稽古に余り熱心に参加できなかった事です。加えてロベールも私の使い方に対する認識が甘く、エアリエルという役に中々活路を見出せませんでした。ただ神戸では毎晩毎晩公演後、上杉さん、山崎清介さん達と飲んで話し得難き友を得た気がします。

「本年は当り年です。」と言い切りたくなる位いろいろな事があります。一番のトピックスは何といっても四月から放映のNHK大河ドラマ「花の乱」に出演する事です。日野富子（三田佳子さん）を中心に、応仁の乱が主題となるその中で東軍の大将、管領・細川勝元を演じます。現首相の細川さんの遠い先祖にあたります。文武両道にたけ、秩序を重んじるエリート型官僚です。一方で天体に興味を持ち、又龍安寺石庭を造る等、ハムレットにも似た運命論者です。すでに一月下旬から撮影に入っており、将軍義政役の市川團十郎さんや、義父でありながら、最大の政敵、西軍大将になる山名宗全役の萬屋錦之介さんとの緊迫した芝居もあり、スリリングに面白く思ってます。これからの三田佳子さんとのシーンも楽しみです。

四月には、新宿スペース・ゼロにおいて「彦市ばなし」を私の新演出で主演し、「法螺侍」の凱旋公演がパナソニック・グローブ座であり、六月には、別役実さんの「すみだ川」を森崎事務所の公演で、演出主演致します。七月にはピーター・ブルック、モーリス・ベジャールが世に出るきっかけとなったアヴィニオン演劇祭に「スサノオ」で出演します。演出は勅使河原宏さん、出演は観世榮夫さん、浅見真州さんと私で、私がスサノオを演じる予定です。全ては、狂言・大河ドラマとの同時進行で体が持つかどうかですが、とにかくハリきって臨んでいきたいと思います。

（一九九四年二月二十五日）

## 武司改め萬斎でござる XIV

前回のパンフレットに、「本年は当り年です。」と書きました通り、NHK大河ドラマ「花の乱」、演出・出演した「彦市ばなし」「すみだ川」、アヴィニオン演劇祭での「スサノオ」他狂言以外にもいろいろの事がありましたが、何とかここまでたどりつけた気が致します。（あまりに当りすぎて、襲名に際しても当られたような気がしますが……。）それぞれに一応の成果はあげられたと思いますし、体を壊す事もなく（アヴィニオンでは救急車に乗りましたが）元気に取り組めた事は何よりも嬉しく思います。しかしその分、本業の狂言の舞台にかけられる時間が不足し、不本意の舞台が多かった事は反省せざるを得ません。何とか本日の祖父・万蔵十七回忌追善会で自分でも納得のいく舞台をつとめたいと思っております。

「泣尼」。追善曲でありますが、渡英前の最後の難関です。セリフが中心かつ、「若さ」で勝負などという事とは無縁の、それだけに取り組みがいがある曲です。泉下の祖父に手向けたいと思います。舞囃子「船弁慶」。観世九皐会の御当主、観世喜之さんの息子さんで、私と同世代の喜正さんにお願い致しました。高音にのびのある美声と、長身からくり出す長刀さばき。そして何より若さ溢れる舞台を期待したいです。

「二人袴三段之舞」。祖父に習い共演した曲の中でもっとも想い出深い曲です。九歳で初めて演じましたが、以後日本国内海外各地での公演を合わせますと、百回に及ぶかとも思われます。一日一回公演の狂言の習慣の中でこれほど演じた曲は他にはありません。聟が夫婦仲が良い証拠として、「おごう（妻の名）はこの中、しきりに青梅（すっぱい物）を好いて食べられまする」と妻の妊娠を遠まわしに告げるシーンの意味を九歳の私が知るはずもなく、又、親を演じていた祖父が、盃事の場で遠慮しながらもすすめられて酒を飲む時、私が「やっと参ったの」と言うのを少しの間忘れておりましたら、酒好きの祖父が「同じ盃で二度も飲み干したよハハハ……」と闊達に笑っていたのも懐かしい思い出です。その後、父の親、叔父の舅で何度も演じております。一見、世間知らずの無垢な聟のドタバタ喜劇に思えますが、聟をとりまく親、舅の温かさ等も、年功を経た狂言役者の演技が光る、狂言ならではの名作だと思っております。祖父には、夏休みの図画工作の宿題の為に唯一私が、面を打つ事も習いました。狂言面「武悪」に挑戦したのですが、舞台用の大きな面は小学生の私には荷が重く、途中で断念し、舞台には使えぬ、小さい面を打ち直しました。その打ちかけの「武悪」はその後祖父が完成させ、計らずもその共同作品が祖父の遺作となりました。

　病床の祖父を見舞った時「よく来たなぁ」と私の頭を撫でてくれました。その後間もなく意識不明となり他界したのも忘れられません。評論家の加藤周一さんが「世界の名優を五人あげるとしたらその中に野村万蔵が入る」というような文章を書かれていて、その一文が私の「狂言への道」を決定しました。この公演後間もなく、文化庁芸術家在外研修制度で一年間英国に留学致します。祖父が登りつめた世界よりもっと広く、短い海外公演だけでは分からない世界を見てきたいと思います。

　そして曾祖父・先代萬斎を越えたといわれる祖父・万蔵、又師である父を越えてその習った事への恩返しができる狂言師を目指したい。

　明年九月に帰国し、活動を再開致します。細川勝元だけではない、狂言師野村萬斎への変わらぬ御支援をよろしくお願い申し上げます。

（一九九四年九月九日）

# 2 狂言と「感」「覚」

# 狂言と「狂」

「狂言」という字を見ると、いかにもいかつい言葉である。「狂」の字がその原因であろう。しかし「狂」の字は「物狂い」やシャーマニズムに代表されるような、取り憑かれた状態を意味するとも聞く。

能・狂言には、「翁・三番叟」のような演劇とは呼べない儀式的演目がある。シテ方、狂言方の演者がそれぞれ神の面を着けることで神になり代わり、天下泰平・国土安穏・五穀豊穣を祈念して舞う。囃子方は単純なリズム・メロディーに気合いを込めて、神になり代わる演者にエネルギーの波動を送る。縦ノリのリズムの繰り返しが演者・観客を「狂」へのトリップへ導く。

演じるということはそもそも「狂う」ことであろう。登場人物になり代わり劇場空間を「狂」の状態へ誘う。しかし我々能楽師・狂言師はそれを観念や感情だけで起こそうというのではなく、あくまで身体的昂揚に頼る。逆に感情なり、エネルギーが高まれば必ず身体は反応して動く。

英国留学中、私はロイヤル・シェイクスピア・カンパニー（RSC）にお世話になった。その劇団の作品中、ある女優が許婚《いいなずけ》の浮気に激怒して出てくる役を演じるのだが、声は荒らげても身体、ことに歩き方が怒っていないのに興醒めした。我々能楽師・狂言師は「運ビ」といってスリ足のテンポ・強弱で感情をも表現するし、感情の変化に必ず身体的変化を伴うので、自然それを彼女にも期待してしまったからだ。

RSCにはお礼奉公で狂言のワークショップをした。かの女優も参加してくれたが、その身体表現能力の高さに驚かされた。ではあの演技はなんだったのであろうか。このあたりに日本古典芸能と英国演劇の差があるようである。

ある舞台女優さんと対談して、舞台とテレビの演技の差に話が及んだ。中でも、相手のセリフに対するリアクションの問題は面白かった。舞台の世界では日常と同じく、相手のセリフと同時進行で反応しなければならない。しかしテレビでの、役者一人一人をクローズアップしてセリフを追っ掛ける撮り方だと、相手のセリフが終わって、自分の方にカメラが切り替わってから反応しなければならない。舞台での演じ方のままだと、リアクションではなくそれが終わった後の表情が映ってしまう。

テレビでの演技の経験が少ない私だが、不思議にそういう点でじれったい思いをしたことがない。恐らく、狂言はセリフを意味としてだけ捉えるのではなく、緊張感の中で語気・調子・抑揚など相手の全てのエネルギーを受けてからリアクションすることが多いからであろう。相手のセリフの最中はカマエているだけでオブジェ化していることが多い。言い換えれば、セリフを言っている人のみに観客の視線・意識を集中させようとしているのである。これはテレビのクローズアップに近い。

こう考えると、意外と狂言とテレビに共通性があることになる。逆に舞台を主とする俳優さんが、テレビで舞台と同じように「狂って」も、リアクションに「狂い」が生じてしまうこともあるらしい。

## 狂言と「目」

狂言に「目の演技」というものは存在しない。

三歳の稽古の時から、祖父・六世万蔵にも、また父・万作にも、相手の額を見てせりふを言えとか、正面に向いている時は真っすぐ前を見ていろと言われた。確かに祖父は頭がはげ上がっており、父は「でこっぱち」で、「額にせりふが書いてあるから」と言われれば、子供心にそんな気にもなるのである。

新劇のリアリズムでは当然相手の目を見て感情主体で話すのであろうが、我々は額といういわば無機的な存在に向かって語気なりせりふ自体に集中して話す。私が「ハムレット」を新劇に混じって演じた時、共演の女優さんに「目を見ないのは困る。その上自分の額に目が寄ってくるのは気味が悪い」と言われたこともある。

「物を見る」という行為を能舞台でする時は「胸で見ろ」と言われる。目の玉を使って見ていても、五、六百名のキャパシティーの遠くから見ている観客には通用しない。そもそも我々の演技は「面をかけている」ことを前提にしている。面をかけていない情況を「直面《ひためん》」と呼び、自分の顔も面として扱う。面の目は当然ながら視線が定まっており、それを変える為には面自体の角度を変える必要がある。首の角度も変えるが、主には上体を使って面の角度を変える。表現が大きくなるからである。

私の映像への出演は十八歳の時、黒澤明監督の「乱」が最初であるが、盲目の少年役で「目の演技」はなかった。それから十年後の一九九四年、NHK大河ドラマ「花の乱」に室町幕府管領「細川勝元」役で出演した。「応仁の乱」を引き起こす、権謀術数に長けた冷徹な役どころであった。将軍足利義政役は十二代目市川團十郎丈。歌舞伎役者との初めての異種格闘技戦であった。もっとも強烈な技として印象的なのが「悪魔を払う」ともいわれる市川宗家の「ニラミ」、目遣いであった。クローズアップの多い大河ドラマという映像のリングで、「目」はもっとも有効な要素と悟った私は、故萬屋錦之介さんを始めとする共演の方々の「目遣い」を盗んだ。狂言の世界では師父・万作が手取り足取りマンツーマンで教えてくれるが、映像の世界ではそうはゆかない。

一般に能楽というものは「静」のイメージで、止まっていたり、ゆっくり動いている印象を持たれると思う。実は止まっているのではなく、留《とど》まっているのであり、エネルギーが頂点に達すれば激しく動くこともある。要はカウンターパンチ的効果を狙っているのである。

能舞台という一種の立方体の中に能楽師の身体が存在し、地謡と囃子を背景に留まり、動く。スクリーンまたはブラウン管という長方形を顔が埋める時、「目」は留まっている。これが冷徹な「勝元」のイメージである。その目がひとたび動く時、企みは実行に移される。カウンターパンチの能楽の技法をうまく映像の技術へ転化出来た成果と思っている。しかし映像の「目遣い」が能楽の技術に転化されることはないであろう。

私が映像で身につけた技術は、とどのつまり、映像出演のための技術なのである。

## 狂言と「ハナ」

舞台芸術の中でも、取り分け能・狂言は総合芸術のように言われている。演劇性はもとより、音楽性、舞踊性、面・装束の美術性などにも範囲が及ぶ。視覚・聴覚においては確かに揺るぎがない。

しかし人間の五感に訴えることを目標とするならば、味覚・嗅覚は料亭やレストランに及びがつかない。当然のことである。もちろん厨房をテーマにした芝居や、開演するなり観客を舞台に上げて食べ物を振る舞い、遠方から来た観客を慰労する演出もあるにはあったが……。

狂言には、嗅覚を視覚的・聴覚的に見せることがある。主には酒の匂いを嗅ぐ時である。視覚的には無い酒壺を舞台の上に想定して鼻を寄せ、上体を起こしながら鼻息を伴い強く吸い込み、吐息をたてながら強く吐き出すのである。世界的にもっともポピュラーな狂言の一つである「棒縛」にその例を見ることができる。

もっとも近年能楽堂以外での公演も増え、一般の劇場での公演が多くなったが、乾燥

し、また埃っぽい劇場で酒を嗅ぐと喉が張り付いたような感覚に陥る。なんともまずい酒なのだが、観客には美味そうな酒だとうそをつかなくてはならない。

狂言には酒を主題にした演目が多い。盗み酒の「棒縛」、酔狂の果て路に寝込む「悪《あく》太郎《たろう》」、届け物の酒を途中で飲み干す「木六駄《きろくだ》」、酔ってご機嫌な「素襖落《すおうおとし》」など、歌舞伎に取り入れられた傑作も多い。狂言師は下戸では勤まらないであろう。私の祖父・六世野村万蔵は「もう酒は飲まんぞう」と駄洒落を言いながらカラカラ笑って酒を飲んでいた。

狂言の酔い方にはいくつかのパターンがあるが、たいていは大盃三盃で酔う。一盃目は「ただヒイヤリとして味を覚えぬ」と言い、二盃目で味を覚え、三盃目は止められるのを「献《こん》が悪い」と言って無理に飲み、むせかえって酔いに落ちる。祖父・万蔵は酒の狂言を得意とした。一盃二盃と酒が進むうちに顔が上気して赤くなり、禿げ頭から湯気が立ちそうであった。舞台には酒の匂いがこぼれ始め、子供心に酒が美味そうであった。観客も美酒に酔うのである。私も近年酒の狂言に取り組んでいる。生来の色白も手伝って上気して顔は赤くなるが、酒の匂いにはまだまだのようである。

私は性格のせいか明るい役を好んで演ずるが、父は近年渋い、どちらかと言えば惨めな男の役を好んでいるようである。もちろん年齢的なこともあるのだろうが、布羽織という労働着を着る役が多い。カラッとした「江戸前の狂言」と言われた祖父・万蔵を崇拝する父ではあるが、そこには曾祖父・初世萬斎、祖父の弟・九世三宅藤九郎、劇団民藝の宇野重吉氏の面影も感じさせる。

様式とはまた別次元の写実性。舞台の上で布羽織はコスチュームではなく、そのキャラクターがいつも身につけ、仕事の汗や埃を吸っている衣服のように見える。そのキャラクターのバックボーンが見え、生活臭が漂う。見た目の鮮やかさだけではなく、味覚や嗅覚（鼻）に訴える芸。世阿弥の言う「まことの花」とはかくやあらん。私が体得する日は来るのだろうか。

# 狂言と「舌鼓」

私は現在（一九九八年当時）某ビール会社のコマーシャルに出演中である。二、三の企業の紙媒体のみのコマーシャルには時々出ていたが、テレビ・コマーシャルは十年ぶりである。

以前のは某ファッション系デパートのイメージ・コマーシャルといった感じのもので特別のことはなく、野村家名物のトンボの肩衣を着けて狂言「千鳥《ちどり》」を演じている私が出てくるだけである。そして「人間でござる」というコピーが流れた後、狂言独特の大笑いをしてみせるというものであった。

今回はビールという具体的な商品があるために、狂言師・野村萬斎とそのビールのイメージの摺り合わせが重要であった。実際にビールを飲んで見せるシーンもある。しかし新製品ということで一般にはまだ売り出していないという状況下で、試飲用の二缶を事前に渡された。

酒が主題になることが多い狂言の世界ではアルコールを嗜む狂言師が多い。しかも狂言は声と身体のみを使って表現する「素手の芸」、肉体労働である。舞台の後は喉が渇く。しかし皆すぐにはあまり水分を取らない。ビールまで我慢するのである。夏場などやっとビールにありついた時には、目尻までビリビリくるような感覚を覚えることがある。全ての緊張が解き放たれる至福の時である。

父を代表とする「江戸前狂言」を掲げた我が狂言の一門は皆上戸で、いけない口は一人もいない。地方公演の打ち上げなどまずビールで喉の渇きを潤し、人心地ついた頃、それぞれ思い思いの好きな酒に移行してゆく。日本酒・焼酎・ワイン・ウイスキー・リキュールなどなど。私は料理・時間・場所・シチュエーションによって飲み物をいろいろ変えるが、いずれにせよビールから始まることが多い。ただ私の母が下戸なせいか、私は一門の中では弱い方である。

狂言の酒の飲み方は豪快である。扇や葛桶の蓋を大盃に見立ててなみなみと注ぐ。その酒を溢さぬよう口の方を盃につけ、盃を揺らしながら上げてゆき、休むことなく一気に飲み干す。そしてすかさず舌鼓。口蓋に舌を押しつけて「タン」と音をさせる。そしてまたもすかさず大きく息をついて「さてもさてもよい酒じゃ」などと言うのである。

この舌鼓が案外難しい。舌先を口蓋につけただけだと音が高くなり軽い感じになってしまう。なるべく口蓋には舌を広くつけ、低くまったりとした感じの音を出すようにしなくてはならない。何しろ狂言の酒は芳醇な日本酒なのだから。ただし雪の狂言「木六駄」や「悪太郎」の一盃目は舌鼓を打たない。「ただヒイヤリとしたばかりで何も覚えん」と言って味がわからないからである。が、これももう一盃飲むための伏線とも取れる。なぜならその後に「も一つ飲うで味を覚えい」と相手が薦めるからである。

コマーシャル撮影前夜、二缶のビールを試飲した。ビールは狂言の酒の飲み方よろしくグイッと喉で飲むものであろう。「ゴクリゴクリ」。さて舌鼓は鳴ったか鳴らぬか。昨今、夜テレビをつけていると時折、狂言よりは高めの、切れ味のよい舌鼓の音が聞こえてくる。

## 狂言と「言」

狂言の「狂」の字が、「狂い」として狂言の芸能的・演劇的昂揚を示すならば、「言」の字は「言葉」、狂言がセリフ劇であることを示す。

セリフ劇といっても、主に二人の登場人物の対話が中心である。コントや漫才にも共通するセリフのキャッチ・ボール。一人称的な歌謡劇である能と良く対比される点である。

能舞台上の「言葉」としては、セリフ、語り、謡の三つが存在すると言えるであろう。セリフは「~でござる」とか「~でおりゃる」とか「~じゃ」という口語体の文章をシャベる行為である。語りは「~にて候」に代表される候文、文語体で書かれた文章を様式的に話す行為であり、謡はそれを音楽的に昇華させたものである。

狂言のセリフは室町時代のものではない。その頃はある程度ストーリーとオチだけ決めて、半ば即興的に演じられていたらしい。それが江戸時代に台本に書き付けるようになり、現代劇たる狂言が、「ござる」に代表される当時のしゃべり言葉に固定化され、古典劇としての道を歩み始めることになるのである。

語りと謡は、能と狂言殆ど共通の技法であるが、狂言の語りは生きた人間が第三者として現実的に語る。能の語り・謡は亡霊なり精霊が非現実の世界で自己を述懐することが多い。また狂言の謡は室町時代の流行歌がベースになっていて、意味不明なわらべ歌的なものが多い。

セリフは狂言のほぼ専売特許で、狂言のように日常的にシャベる行為は能の中には殆どない。もちろん能「安宅《あたか》」の弁慶、富樫に代表される、現在物と分類されるものの中には口語的な言葉はあるのだが、狂言のようなシャベりではなく、語り、謡の技法を使って言うのである。

英語で訳す時、セリフや語りをするという行為は直訳できるであろう。さて謡は……。残念ながらこの後に singing という言葉は来にくい。なぜなら謡をウタウということと、英語の singing という行為は一致しないからだ。

歌をウタウという行為 singing は、一般的には音の上げ下げに重きを置くが、語りから音楽的に変化した謡は音の強弱、即ち息の当て方が重要である。打楽器的唱法とも言える。考えてみれば能楽の囃子には大鼓・小鼓・太鼓といった打楽器が多い。笛も旋律楽器ではあるが奏法は打楽器的であり、謡と張り合うことはない。みんなで息を合わせて一つの大きな波動を作ってゆく。そのための鼓の掛け声が「ヨォー、ホォー」なのである。指揮者という司令塔に動かされる、大編成の旋律楽器集団のオーケストラと対抗してウタウのとは、根本的に違うのである。強いて英語でいうならば、謡は storytelling とするのであろう。

まずい謡は歌のようになる。音に落ち過ぎて息が感じられなくなるからだ。音だけ追ってまずい謡をウタっていると師父・万作に「鼻歌だ、唱歌みたいだ」と言って直される。

その父がある俳優の発言を引いていたことがある。「セリフは歌うように、歌はシャべるように」というのは森繁久彌氏の言らしい。

## 狂言と「耳」

耳は人間の身体の中では地味な存在であろう。化粧するにも額、目鼻、口、首まではするが、耳まで塗ることはまずないと思う。ブトウ系のいでたち、スキンヘッドに白塗りの時は耳も白いが……。しかし「耳なし芳一」の時代より耳はひょっとすると忘れられてしまう存在なのである。

狂言のせりふの稽古は師匠と弟子の一対一で行われる。外国語のレッスンよろしく、口伝、すなわち「口移し」で教える。師匠が手本を示し、それをまったく同じにコピーして繰り返す。「リピート・アフター・ミー」なのである。では何をコピーするのか。音・口の開け方・発音・発声のしかた・その姿勢、またその場のエネルギーなどである。

音というものにはいろいろな要素がある。強弱・高低・長短のほかテンポ・ニュアンスなども入ろう。これらの組み合わせが複雑に行われて、音・単語・熟語・文節・文・文章として発達して成立するのである。俗に言う「棒読み」というのはこの複雑な組み合わせが出来ずにワンパターンなのである。上手な役者ほどこの組み合わせを巧みに変えて、ヴァラエティーに富んだ話術を展開する。

狂言を幼少から「口移し」で教えるのは、写実的な感情・意味ではなく、音の組み合わせのパターンをいくつも教えるためである。そのパターン、即ち「型」を身につけた上で写実なせりふ廻しを覚えるのである。上手くパターンが身体に組み込まれれば、自然と棒読みは出来なくなる。もしも棒読みに近くなれば生理的に気持ち悪く思えるようになる。上手いせりふ廻しが出来るようになるには、手本になる人の「音」を聞き分け、その組み合わせを解析する耳がよくなくてはならない。

歌とせりふの中間に「語り」という手法がある。音の組み合わせを綿密に決め、それが故に一種の様式性を生み出すのである。元々日本語は日常会話でも抑揚が豊かで、「語り」の文化が盛んであった。現在日本語は平坦になり「語り」のテクニックを見出すのは能の中で狂言師が能のストーリーを語る「間狂言《あい》」などの伝統芸能にその姿を見るだけである。

私が一年間留学したことのある英国には、シェイクスピアを始めとする「語り」の文化が存在する。「ハムレット」の数々の有名な独白も、「語り」なのである。特に文章が様式的に韻文調で書かれた場合、せりふ廻しには様式性・音楽性が不可欠である。英国では演技の上手い下手以前に、せりふの抑揚を間違えれば、それだけで批評家に揚げ足を取られるのである。英国では芝居のお客は伝統的に観客ではなく、聴衆《オーディエンス》なのである。

「語り」というものは聴覚から情景を彷彿させるのに優れている。聴覚から視覚への変換。しかしテレビ・映像という文化が発達し、なんでも具体的に視覚から視覚的なことがわかるようになった現在、「語り」の文化は遠回りに映るであろう。「百聞は一見にしかず」という情報志向が何より勝り、聞いて想像し、広がりを求める文化が消えつつあるとは、「語る」者にとって耳が痛い話なのである。

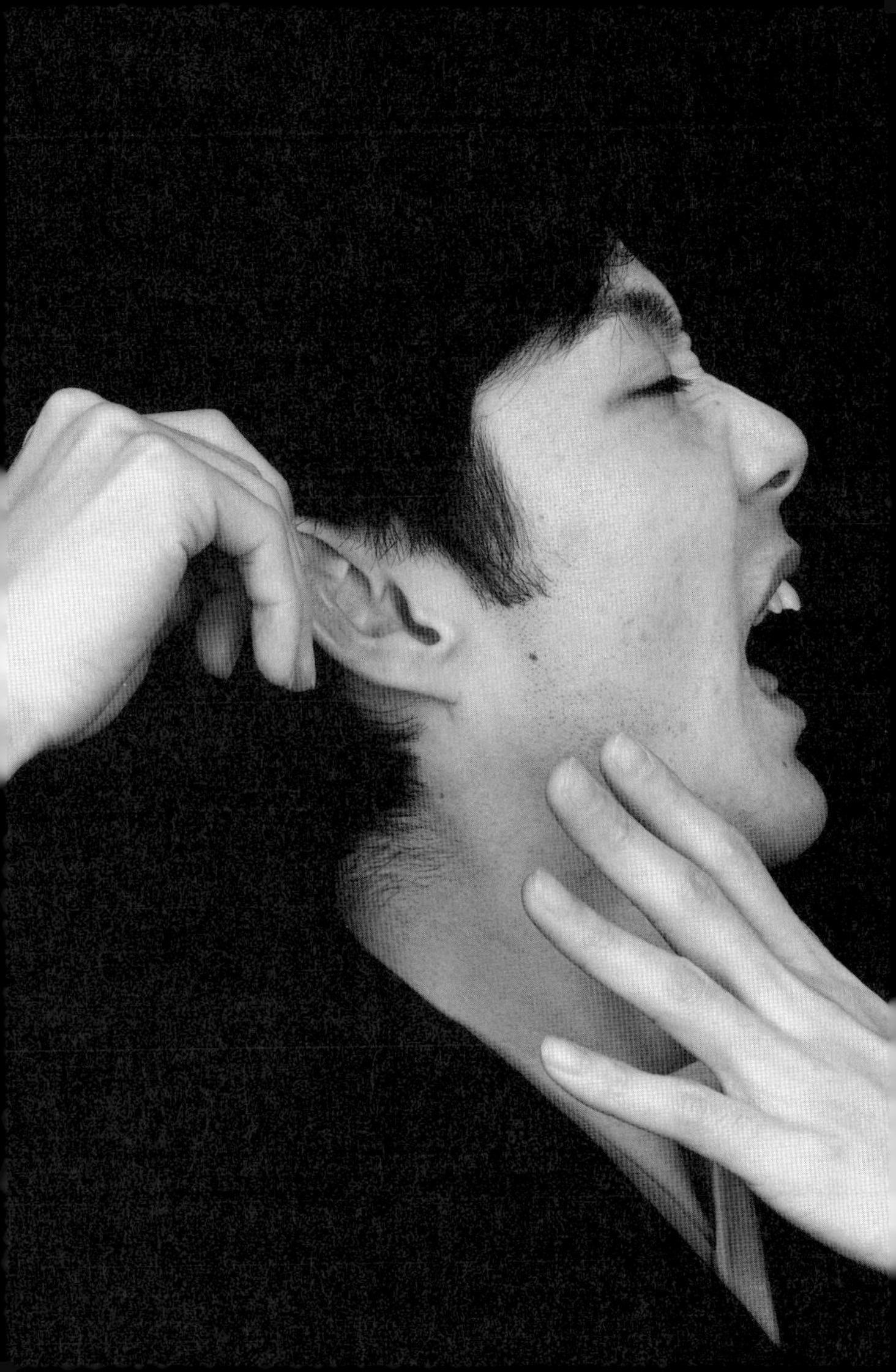

# 狂言と「声」

「一声二顔、三四がなくて五に姿」という言葉を聞いたことがある。歌舞伎かどこかのジャンルで役者を評するときの基準らしい。

面をかける能や、「この辺りの者でござる」と名乗って始まる狂言では、こと美男である必要はない。舞台に立って恥ずかしくない程度に顔が整っていれば良いのである。それよりも基礎訓練の段階から舞歌の重要性を説き、声と姿を両天秤のように扱ってきた。

狂言は謡や舞という基礎訓練に立脚したセリフと仕草で成り立っている。ことにセリフは「二字目を張る」といって、文節毎の二音節目を強める。高低差のある抑揚を作り音楽性を持たせるのである。それが口跡・滑舌の良さと相俟って「美しい、はっきりとした日本語」を生み出す。狂言師はよく響く肉声で日本語を話すことにプライドを持ち、日本語のプロフェッショナルを自負する人も少なくない。

近年日本語は抑揚を失い平坦化し、それに伴いスピードアップが著しい。語彙も激減して言葉の記号化、情報至上主義が進んで、人々の語感も衰退している。コギャル言葉が顕著な例であろうが、狂言が目指す日本語とは逆の進行である。

師父・野村万作は嘆く。昔は「素読」という授業があって、日本語を声にして読み、また聞くということが教育の中にあったそうだ。ヴィジュアルに頼る世代に、文章を見せずに語りかけることは難しい。

そこで声である。解りにくくなった日本語を、音のイメージで想起させるための、語感を操ることができる。声の存在感、声のリアリティー。言葉の音楽性だけでなく、それを発するための息の当て方が重要である。能楽の世界では「ツメ、ヒラキ」といって「気を溜めること、解放すること」を一種の呼吸法のように扱うが、言葉を発する時にもあてはまる。

祖父・六世野村万蔵はその著書に、能楽界における「難声の妙」なることを紹介している。美声家は自身の声の響きに酔いやすく、ともするとそれのみに頼ってしまう。技術を磨くことを忘れ、骨無しの声になってしまう。かえって難声家の方が技術の鍛錬を怠らず、骨のある妙なる声を生むというのである。つまり声・言葉の存在感・リアリティーを説いているのであろう。

ところで私は難声家・美声家どちらであろうか。他人にはよく低い声だの、顔に似合わぬ野太い声だのと言われる。どちらでも良い。要は観客の心に声が響けば良いのだから。

近頃テレビに出演しているせいか、旅行先で食事をしていても店の人に素性がばれる。まず店に入って来た時からの私の姿勢が気になるらしい。背骨に物差しでも入れているようなたたずまい。顔を見るとどこかで見たような顔である。しかし確信は持てない。ここにいる訳がないと思うようである。怪しみながらも注文を取ったりする。

が、ひとたび声を聞くと皆揃って確信する。「一姿二顔、三四がなくて五に声」なのである。

# 狂言と漢字

「ブルーマン」というニューヨークのストリートパフォーマンスのグループがいる。日本でもコンピュータのテレビCMに出ていたが、三人組の全身を青く塗った男たちが担いでいる小さな電光掲示板が、三人に代わっておしゃべりをするというものだ。宇宙人という設定だから直接声を出してはいけない。

彼らのパフォーマンスに影響を受けて始めたのが、シリーズ公演「電光掲示狂言」である。電光掲示板に人格を持たせ、ケイジ君と名付け、難解なセリフを説明したり、時には直接観客に語りかけて、盛り上げたりする。

「狂言をどこか血が騒ぐ祝祭《フエスティバル》にしたい」

「観客が理屈で説明されてわかったという芝居はつまらない」

演劇を越えた芸能を目指した試みとしてスタートし回を重ねているが、この劇場での公演を通して改めて認識したのが、普段何気なく使っている漢字と狂言の相性の良さである。

たとえば、「柿山伏《かきやまぶし》」という曲を演じた時のこと。舞台に電光掲示板を並べ、「柿」という文字を浮かべた。文字の「柿」の実をたくさん光で実らせ、それを演者がもいで食べるという演出である。

狂言であれば、何もないところで、柿をもぐ格好をして食べる演技をするだけである。ところが、掲示板にたくさんなっている文字の「柿」をもいで食べると、漢字のつくりの部分の「市」だけがヒュッとなくなり、漢字のへんの部分である「木」だけが電光掲示板には残るといった演出にした。つまり、観客には枝だけが残ったように見える洒落のような舞台である。

そもそも文字は情報を無機的に伝える一つの手段にすぎないから、非常にデジタルな要素が強い。例えば「柿」の字はオレンジ色で出てくるが、一つだけわざと緑色の「柿」の字を仕込んでおき、それを演者が食べると、渋柿だったといった遊びもやってみた。「柿」という文字を、オレンジ色で掲示板に流すと、観客は安心しているが、緑だと、「いかにも渋いんじゃないか」「まだ熟していない」といったイメージが付加価値として加わることになる。これは狂言の型につながる発想である。

単純に言うと、狂言の型も、文字と同じく無機的な一つの情報にすぎない。それを狂言師がどうアレンジして見せるかによって、観客はいろいろなイメージを膨らませるわけである。漢字はへんとつくりの組み合わせで意味が変わる。狂言の型のアレンジも同じである。へんは、例えば狂言の「太郎冠者」のようなもの。漢字にさまざまな字があるように、狂言にもいろいろな曲があって、酔っぱらう太郎冠者もいれば、怠ける太郎冠者も頭のいい太郎冠者もいる。こう考えると、狂言の型がどういうものかおわかりいただけるだろう。

狂言に本来は馴染まない要素が入ると、狂言自体が壊されてしまうが、漢字は邪魔をしない。ふざけた文字を掲示板に流しても、文字は無機的な情報としてしか観客の目には映らないからだ。

文字でお客さんを立たせたり、拍手させたり、「イェーイ」と言わせたりもできる。「電光掲示狂言」公演では、あらかじめプログラミングされた言葉を、舞台のソデにいる字幕操作係が、お客さんの反応を見ながらタイミングよく出せる仕組みになっている。たとえば、声が小さいときには、「声が小さい」と間髪入れず文字で突っ込むという仕掛けもした。

この字幕操作係のように、狂言師も常に、お客さんの反応に応じて身体のスイッチを切り替えると、ポンと次の型に移っていく。デジタルで無機的というだけでは観客のイメージは膨らまない。字幕もアナログの人間が操作しているから、状況に合わせて効果的な字幕が出せるのだ。映画の字幕のように、三十分の狂言だったら三十分間、全自動で決まった場面に決まった字幕が出るという仕組みであれば、ただ舞台の説明に終始したに過ぎないだろう。

観客が頭でなく全身で反応できるものこそが狂言である。演じる狂言師の個人の感情をお客さんにそのまま伝えるのではなく、物語の中の人間の存在を提示する。デジタルに一つの型をポンと出し、お客さんの反応次第で別の型を繰り出す。古典芸能などの日本の文化は本来、客観的で一種さめたところがあるのだ。

それに対し、今の日本のドラマは、ある個人から見た主観でものを考える。『源氏物語』や『平家物語』もメロドラマにしてしまっているようだ。自分が悲しくなって、その悲しみをどうお客さんに伝えるかが、特に日本の現代劇の一つの流れのようだが、『平家物語』などの語り物は物語の視点がそもそも「天」にある。個人を越えた「天」の視点から、俗世を俯瞰で見た物語なのである。

そういう日本の古典芸能の本質を舞台表現のアイデンティティに持ちたいと、私は思っている。その意味では、観客と役者という関係を離れて、お客さんを動かしてしまう電光掲示板は一つの水先案内役になる。

# 萬斎でござる

クロニクル 1995 - 2000

# 萬斎襲名にあたって

私が昨春襲名させていただいた「萬斎」という名前は、私の曾祖父・五世野村万造の隠居名であります。文久二年（一八六二）に金沢に生まれ、明治十六年（一八八三）に東京に出、大正十一年（一九二二）長男・万作（祖父・六世野村万蔵）に跡を譲って萬斎を名乗り、昭和十三年（一九三八）に没しました。もちろん私はお目にかかったこともなく、唯一父だけがその芸をわずかに直接継承するのみで、能楽界でも曾祖父の舞台を覚えていらっしゃる方は少ないようです。私が芸風を推し量ることは叶いませんので、五十年以上も絶えていた名前の持ち主を一番分かりやすく説明するならば、現在の東京の和泉流狂言の礎を築いた人と言えるのではないでしょうか。祖父、父、叔父、私もさることながら、曾祖父の次男万介が三宅藤九郎家を継ぎ、その息子が和泉家を継ぎ、それらの家の人全てが曾祖父の血を引いている次第です。その意味ではたいへん大きな名を継がせていただいた訳で、私としても身の引き締まる思いでいっぱいですが、私の性分か、あまりそういうことには捕らわれたくない。親の七光りで充分、半世紀も絶えていた曾祖父のご威光を今更引っ張り出して、それを笠に着るつもりはありません。父も万作という名前は自分が育てたという執着もあり、萬斎を名乗る意志はなかったようですし、私といたしましても、父のように自分で育て得る名前があればと思っていました。その意味で「萬斎」という名前は由緒もあり、しかも曾祖父またはその名を覚えていられる方は少なく、また年寄り臭いイメージもあるかとも思いますが、私はかえって「北斎」を始めとする多くの日本の芸術家が「斎」の字を付け、そのアーティスティックな響きに憧れを持ち、快く襲名させていただきました。

一年間の英国留学から帰国し、この襲名披露公演に際して思うことを「ご挨拶」より具体的に申し上げると、私の「初心」の源は「狂言らしさ」ということになるかと思います。英国は島国であり、かつての大英帝国としての重い伝統・誇りがあり、非常に保守的で日本にも似ているところが多々ありますが、大きなる相違点としては「新しい・珍しい」だけでは相手にしないところではないでしょうか。本質を認めないものにはそっけなく、しかし自国の文化または自分より優れていると、その本質を認められるものへの寛大さがあるような気がします。事実英語が少しは話せるようになり、狂言を実演を交えて英語で紹介できるようになってからの友人の輪の拡がり方は、加速的であったと思います。狂言を定義し、それを自分の言葉で英国人に分かるように英訳する作業は私にとってはたいへんでありましたが、その作業を経て、狂言紹介の後の反応を聞くことは、狂言の本質を探り当てることと同意であったと思います。凝った舞台装置・照明、音響効果を極力なくし、最小主義とも言える裸舞台での声と体の存在感、芸術と言われるより芸能と呼ばれる所以の集中力（エネルギー）の放出、喜劇的人間讃歌の劇としての明るさ、発散、そして人格。それらがあってこその狂言だと思います。そしてこれこそが曾祖父・萬斎が祖父・万蔵に託した「真っ直ぐな芸」であり、江戸前狂言として花開いた、権威とは無縁の、実力派野村家の伝統であると心得ます。英国に演出を学びに行ったにも拘わらず、逆にそこに見た「狂言らしさ」の力強さは、役者自身に負うところが非常に大きい。どんなに演出を凝ろうとも、所詮演じている「野村萬斎」に狂言らしい力強さがなければ、狂言として貧弱なものになってしまうと思います。もちろん英国で学んだ、演出をする上での全体を見渡す客観性、現在へのメッセージ性を、狂言を現代に生かすための工夫に役立てたいと思いますし、私のイマジネーションは大きく拡がっています。しかし演出することと、演じることの区別は、狂言を演じる上でのもっとも重要な鍵ではないかとも思っています。「心・技・体」、心を清く、技を磨き、体を強く、健康な姿勢で舞台に臨みたい。そして三間四方の舞台に「すっくと立っている」、そんな狂言師になりたいと思います。

（「萬斎襲名披露公演」パンフレットより　一九九五年十月七日）

# 萬斎でござる　XV

英国から帰国して、お陰様で襲名披露公演を各地で無事行い、新作狂言「梅の木」、「こぶとり」の演出、取材攻勢と、あっと言う間にのんびりした英国のペースから、目まぐるしい日本のペースに巻き込まれてしまいましたが、こうして「ござる乃座」を一年半振りに催せますと、やっと元の狂言師としての生活に戻ってきた感じがします。ただクイズ番組の回答者など、私をタレントと勘違いしての依頼も時々ありますが……。

襲名、英国留学、襲名披露公演と、ステップを踏んで参りましたが、齢のほうもこれに漏れず、ついに三十歳となりました。十代、二十代前半は、盛り場では必ずと言っていいほど年上の女性をからかって遊んでいましたが、もうからかわれる番です。因果は巡るものですね。しかし狂言道はまだまだこれから、楽しみでなりません。年齢に応じた、渋い役にも挑戦できるようになっていく訳ですから。今回の「清水座頭《きよみずざとう》」も若年の役者が演じるものではありませんし、「川上《かわかみ》」と同様、座頭物として父が得意としている、発散だけではなく、吸引力が必要な役だと思います。それは太郎冠者のたくましさだけでなく、盲目という負の作用をきっちり提示するということではないでしょうか。「川上」も「清水座頭」も和泉流だけの曲ですし、父兄弟がコンビで売った大事な曲です。こういう曲を得意としていくことも、伝統を守るうえで大切なことと思っています。「止動方角《しどうほうがく》」の太郎冠者は二度目ですが、父に主《しゅう》をしてもらうのは初めてです。これぞ「狂言」と言えるぐらい良くできている作品だと思います。まず初めに「馬」としてこの曲に参加し、やがて「主」になり、「太郎冠者」「伯父」と年と修業を重ねる毎に違うキャラクターを演じる楽しさ、古典芸能ならではのことだと思います。

　三十代のスタート・ラインに立って二十代を振り返ると、つくづくいろいろなことを経験して良かったと思います。前衛劇（パルコ能ジャンクション）、シェイクスピア（ハムレット、テンペスト）、ラジオドラマ（バビロンに行きて歌え）、テレビドラマ（花の乱）、音楽に対する語り（月に憑かれたピエロ、竹取物語）、新作狂言（彦市ばなし、法螺侍、梅の木、こぶとり）、語劇（俊寛、すみだ川）、そして英国留学。しかしまだまだもの足りないし、これからも遊んでゆきたいと思っていますが、闇雲にするのではなく、じっくりと腰を落ち着けて遊びたい。そしてこれからは自分のスタイルを確立してゆく時とも思っています。九月に「花子《はなご》」という狂言の修業の修士論文にあたる曲を演じます。なにぶん浮気話ですので、僕にとって大きな難問になると思いますが、人生の機微が少しは出せるような、三十代の芸を身につけたいと思っています。

（「狂言ござる乃座」パンフレットより　一九九六年四月二十六日）

## 萬斎でござる XVI

本日は私の「花子」披演のござる乃座に、ご来場まことにありがとうございます。私もとうとう「花子」を披く（初演する）のか、と感慨深い思いがします。

「三番叟」「奈須与市語」「釣狐」と順に披いてきましたが、それぞれ厳しい稽古であり、また新しい技術を学ぶ楽しみがありました。しかし「花子」はそれらとはまた違った、深みと言うべきなのかもしれませんが、技術だけでは解決できない人間描写がテキストになされており、繰り返し読むうちに、シテの男に親近感を持つようになりました。狂言のいわゆる単純化誇張されたキャラクターを型にはまって演ずるのと違って、複雑な心理、またそれらを構築していく構成力が必要です。また遊女花子との逢瀬というエロティックな題材にも、この曲の特殊な一面を見出せます。

それにしても古典というのはよくできていると思うのは、その人間描写・性的表現をウルトラEの技術をもって演じるようにしてある、つまり安直には演じさせて貰えない訳です。また位取りが重要で、シテの男は決してゲスな男であってはならず、品位をそこなわないように、非常に難しい節付けが成された謡（夢）と台詞（現実）を自由自在に行き来しなくてはなりません。そこのあたりが、大曲・難曲である所以かと思います。もっとも昔は性的表現への考え方が厳しく、露骨にならないようにという意味での品位の強調があったようです。しかし現代の状況では、品良く演じることで描写を性的なものに偏らせず、より人間としてのドラマとして提示するべきなのだと思います。

私は自身の演技をご覧いただく前に、先入観を与えるようなことをあまり言うべきではないと思っております。しかし常々「恐妻家」といわれる「花子」のシテですが、本当にそうなのでしょうか？　歌舞伎の「身替座禅《みがわりざぜん》」はそれを極端に強調していますが、この男はある種フェミニストであり、現実（妻）と夢（花子）とのギャップに悩むロマンティストなのでは？　現実のしがらみに縛られることと、無責任に戯れることだけがある夢。私にとっては現実の日本と、夢の英国生活とダブる思いです。また妻も、嫉妬の鬼ではなくて、現実に生きているからこそ、また生きねばならぬからこそ、一人夢へ逃避する夫への警戒心があるのではないでしょうか。

父の披きは二十八歳。新婚一カ月での浮気話だったようですが、私も既に三十路を過ぎ、新家庭を持ちました。なるべく遅く、もっと年を重ねてから披きたいと思っていましたが、芸を伝承していく為にも区切りのよい現在、初演しておくことは有意義と思い、師父の許しを得ました。また英国留学から帰国してからも、ちょうど一年が経ちました。英国最後の夜は、グローブ座での狂言ワークショップ終了後、テムズ川沿いのパブでギネスビールを皆で飲みました。川下からセント・ポール大寺院の脇へ大きな、それは大きな満月が上り、名残の月として心に残っています。「花子」と同じく、夢の終わりは夏の終わりの「名残の月」でした。

テレビドラマ「花の乱」も二年前のこととなり、それまでのいろいろな経験を結実させていきたいですし、その成果が見えてくる頃なのではと、これからの三十代を自分なりに楽しみにしています。これからはますます「芸」を問われるだろうし、「芸」を問うていただきたい。同時に私にチャンスを与えて下さる方々の期待に応え、私の中に沸き上がるものをぶつけてみたい。今、しっかりと現実に立ち、希望の夢を持って、未来を自分のものとしてゆきたい。私にはやりたいことがたくさんある。今後ともご支援・ご鞭撻の程をよろしくお願い申し上げます。

（一九九六年九月十五日）

## 萬斎でござる　XVII

前回の「花子」に引き続き、今回は太郎冠者の難曲「木六駄」を演じさせていただきます。「釣狐」「花子」といった様式性の高い、狂言修業の節目に「披く」卒業論文とは異なり、生活感情に根差した太郎冠者が活躍する楽しい狂言です。

一九九四年秋から一九九五年夏まで留学した英国では百本以上の演劇、映画、オペラ、バレエを始めとする芸術作品に触れることができました。それぞれに趣向を凝らし興味をそそられましたが、その殆どの作品、演出も演者も、月日の経つにつれて忘却の彼方へとうつろい行きます。しかしどうしても忘れられない作品もあります。私の演劇観、ひいては狂言観をも変えるまでの作品に出会えた驚きと喜び。それだけでも一年間の留学は無駄ではなかったと思えるのは、テアトル・ド・コンプリシテという劇団の「ルーシー・キャブロルの三つの人生」でした。観たことのない方にその感動をお伝えするのは至難の業ですが、そこには狂言と多くの類似点があり、私の理想に近い世界が具現化されていました。「無いものが在る」とはこのことでしょうか。貧しい農家を背景にしたその物語の中で、役者たちは声と体を駆使して、簡素な舞台に本物以上にリアリティーのある家畜・果樹を出現させ、観客をも農家にいるような錯覚をもたせ、格好悪くもたくましく生きる、でもどこか悲しい人間たちを描き出していました。物事を横一線で比較することは難しいことと思いますが、狂言七百年の誇りがもろくも崩れた思いをした経験でした。

「木六駄」にも、目には見えませんが十二頭の牛が登場します。雪の中を太郎冠者が追うのです。祖父・万蔵が演じた時、観客の皆さまが雪の中を歩く十二頭の牛を能舞台の上に見たと聞いています。これも現在では見る術もありませんが、世界レヴェルとはこういうものなのでしょうね。先日もレニングラード・バレエ団の「白鳥の湖」の白鳥の舞はなかなかのもので、確かに私は舞台の上に、湖水に浮かぶ白鳥を観たのでした。

私は常々、現在とか、世界レヴェルという物事に関心があり、特に「現代に呼吸する狂言」を謳ってきました。そういう視点は古典芸能の世界、特に能楽界では特殊であるのかもしれません。一種盲目的に伝統の型を踏襲し個性が否定され、他の芸術と比較されることを嫌うような閉鎖性。私も未だその段階に留まるべきなのでしょうが、狂言師になろうと決めた時からの現在への強迫観念のせいか、または自由な表現の場で演じる喜びを知ってしまったせいか、演じる時の時間、場所、空気が気になってしまいます。

しかし伝統という現代に呼吸しつつも過去が重なってできた枠の中では、過去の価値観から逃れられないことも事実です。役者の「花」はある時点で花開くかもしれませんが、時代や環境に流されないもっと技術的な側面「芸」というものも存在するのだと思います。

今回のござる乃座では大河内俊輝氏に文章をお願いしました。前回の「ござる乃座」の「花子」の批評と「木六駄」について書かれています。祖父・万蔵の頃から能・狂言を観、過去の「芸」の側面から、つまりいつも過去の名人と比べて舞台を観るという立場で書かれています。その圧力にも負けない舞台を作っていくのも伝統を受け継ぐ私の使命なのですが、「花子」を観た方にはいささか不愉快な思いをさせてしまうかもしれません。私自身、そして師父もこの批評を全て受け入れている訳ではありませんが、ただ私は今まで伝統芸能継承者みたいな権威的な響きより、現在を生きる芸術家であることを望んでいました。

狂言も、野村萬斎も一人では成り立ちません。伝統の上に立ち、現在を生きる人々によって成り立ちます。たまたま曾祖父・萬斎、祖父・万蔵、父・万作と三代の「木六駄」の写真が家にあり、伝統継承というラインももう少しは考えようと思い、四代の写真をチラシ及びこのパンフレットの表紙に使いました。ビートルズの「LET IT

BE」のアルバム・ジャケットに似せるよう妹に頼んでデザインしてもらったのですが、私だけ普段の顔です。笠に雪を覆った私の顔写真は、本日の舞台をご覧になった皆様に入れ直していただければ幸いに存じます。

それにしても郊外に出ればすぐ牛追いが見られる英国の景色が懐かしく思い出されますが、祖父・万蔵は雪の中の牛追いを目にする機会があったのかなぁと考える今日この頃です。

（一九九七年二月九日）

## 萬斎でござる XVIII

この半年間、怒濤のような日々でした。四月には世田谷パブリックシアターの柿落としのセレモニーを担当。森崎事務所制作「伝統の現在スペシャル」で芥川龍之介の『藪の中』を脚色・演出し、茂山家と合同で演じたり、新宿スペース・ゼロでの劇場蠟燭狂言「弓矢太郎《ゆみやたろう》」の演出・主演、水戸芸術館「狂言野村万作抄」では父・万作の「川上」

の照明効果を考えました。五月にはロンドンのロイヤル・アカデミーで「棒縛」を演じ、帰国して新作狂言「梅の木」の再演。六月は世田谷パブリックシアターで狂言ワークショップを開催。七月は新しく発会した「ふくおか萬斎の会」を始めとする九州公演。「ござる乃座」普及公演トリプル・ヘッダー。八月は山形県小国町にフランス人を集めた狂言ワークショップを開催。九月には大阪シアター・ドラマシティで「逆輸入狂言の会」を再演。京都「金閣寺音舞台」では足利義満を演じました。六月迄はNHK連続テレビ小説「あぐり」の収録もあり、倒れることもありましたが、それぞれの作品は自分なりに気に入っている物が多く、またご好評いただいているようで、やりがいを感じています。特に若い感性と呼応している手応えを感じることは伝統芸能の後継者として心強いばかりです。英国留学の成果が芽を出してきたとの実感もあります。

今回の十周年記念の演目は何度となく演じてきた「蝸牛《かぎゅう》」と初演の「業平餅」です。「蝸牛」は私の山伏、父の太郎冠者で演ずることが多く、逆は一度か二度だと思います。元来痩せ型の私にとって、山伏という大きい力強いキャラクターを演ずることは随分と稽古になりました。今では得意にしたい演目、役どころです。曲の終り方は流儀・家によって異なります。私の家では最後に山伏が印を結んで隠れ、主従が見失ったところを山伏が突然現れなぎ倒し、「うつけよ、うつけよ」と言いながら幕に入るのが本来ですが、近年又三郎家や大蔵流の留め方を取り入れ、山伏・主従ともに浮かれ込むことも致します。今回は十周年を記念して、第二日目よりは「浮かれ込み」に更に囃子を入れて勤めさせていただきます。「でんでん、むしむし」のリズムで見せる、芸能ならではの部分を強調した演出を試みます。
「在原業平」と言えば「光源氏」と並び美男の代名詞であり、「源融《みなもとのとおる》」は「光源氏」のモデルと言われます。そんな関連で、今回能楽界の男盛りである梅若紀長さんと佐野登さんに舞囃子「融」を舞っていただきます。能の世界の貴公子の舞姿を堪能されることでしょう。反して「業平餅」はそのパロディーと言えるでしょう。父・万作曰く「業平とは程遠い人が演じてこそ面白い」とのことです。確かにそのような方がぬけぬけと「業平」と名乗ってこそ面白いでしょうが、好色（高職）・歌人の業平様と好色・ダダイストの詩人エイスケを演じた私との組み合わせも一興ではないでしょうか。皆様にはどのような感想を持たれますか。お聞かせいただければ幸いです。

（一九九七年十月十日）

# 萬斎でござる XVIIII

「狂言ござる乃座」も十周年を迎え、第十九回目です。今回は舞囃子「嵐山《あらしやま》」、「鎌腹」そして「猿聟」を取り上げます。「嵐山」は喜多流の粟谷明生さん、観世流の観世暁夫さんにお願いしました。お二人とも私より十歳位年上の先輩ですが、それぞれの流儀でご活躍されています。重量感、躍動感溢れる「蔵王権現」の舞は、私も期待しております。ツレの「木守勝手」の夫婦の神は、私と同世代の方を中心に、優美な連舞がお楽しみいただけるでしょう。満開の桜の下での大スペクタクルは、謡の意味を理解するとかいうより、神々の美しさ、威厳、荘厳の祝祭としてお感じ取りいただきたい。

「鎌腹」は初役です。「生」と「死」をテーマにした狂言などと言えば狂言版「ハムレット」のように聞こえますが、そこは狂言。憧れの王子様など出てこず、惨めな怠け者、おまけに女房の尻に敷かれている山の労働者という情けない男が主人公です。始まり方も普段の狂言とは逆さまで、けたたましく、幕から追い込まれるように出てきます。夫婦喧嘩のあげく、男は腹を切ることになり、羽織、小袖を脱いで白小袖になります。

これは「切腹」のために白装束になった訳ではなく、能楽界での約束で裸になったということを意味します。後半は独り舞台。男の愚かしさに笑っても、どこか切ない。でもやっぱり笑ってしまう。あの「チャップリン」が演じたらどうなるのか見てみたくなるような作品です。「生死」の問題ではないのですが、私にも似たような体験があります。私は二年前にタバコを止めましたが、喫煙者の禁煙は苦しいものです。落ちてるタバコでも吸いたくなったり、吸うための理由付けを何かと考えたり、人に隠れてこそこそ吸ったり、今振り返れば愚かとしか言いようがありません。我ながら「なんてばかだったんだろう」と笑ってしまいます。

「猿聟」は能「嵐山」の替間《かえあい》（特殊演出）なのですが、上演されることは極めて稀です。型付なども不十分にしか記されておらず、他家のやり方も参考にして手を加えたところも多々あります。「キャアキャア」という猿の言葉以外さして面白みもなく、観客のノリが重要。初めからノセるために聟猿の登場を印象的にし、太郎冠者猿を子猿にし、供猿一人一人にも個性を持たせました。供猿の面はそのために新調し一匹一匹顔が違い表情豊かです。三段之舞も写実味を強調。キリの聟・舅の立ち会いの舞は、「猿と獅子とは……」と謡があるように、猿が獅子と並列されているので、能「石橋」のイメージを加えて舞の面白さと狂言の写実の合体を試みました。とはいっても皆様には関係なく、面白くご覧いただければ幸いです。ただ残念なのは、能楽評論家という人々が、能の復曲・工夫には関心を示し、どこが変わってどう効果的であったなどと論じますが、狂言にはそれほどでもないことです。聟猿の面は近年入手しましたが、時代は古く作者も未詳ながら、品格と可憐さの両方を備え、ほかに類を見ない傑作だと思います。

狂言からは話が飛びますが、NHK朝の連続テレビ小説「あぐり」のエイスケ役で、(社)日本映画テレビプロデューサー協会主催のエランドール特別賞(今村昌平氏、渡辺淳一氏と共に!)をいただきました。「あなたは若手狂言師として活躍される傍ら映画『乱』、大河ドラマ『花の乱』など映像分野でも積極的に挑戦して声価を高められましたが、さらにNHK連続テレビ小説『あぐり』に出演されヒロインの夫エイスケの半生を軽妙かつ爽やかに演じて全国の視聴者にエイスケ旋風を巻き起こすとともにドラマの成功に絶大な貢献をされました。その功績を讃え賞を贈ります」とのことです。謹んでご報告申し上げます。また日本経済新聞夕刊月曜日に、毎週「プロムナード」というエッセイを執筆しております。お読みいただければ幸いに存じます。次回は「ござる乃座」二十回記念公演。是非ご期待下さい。

(一九九八年二月二十一日)

## 萬斎でござる XX

「光陰矢の如し」とは申しますが、ござる乃座も二十回目を迎えました。その記念として派手な企画も成り立ったのでしょうが、敢えて新作、復曲という個性を出さず、「三《さん》本柱《ぼんのばしら》」「鬮罪人《くじざいにん》」という古典のかっちりした名作を並べさせていただきました。色物にならず、硬派な番組になったと自負しております。その分舞囃子は緩急の大きさやテンポの速さを強調した小書《こがき》（特殊演出）の付いたものを、観世流の片山清司さん、金春流の櫻間眞理さんにお願いしました。お二人とも流儀を代表する名家のご出身で、私と同世代です。三十歳代のしっかりとした技術に立脚した、若さとスピード感溢れる祝言の舞がお楽しみいただけると思います。

「三本柱」は私とともに深田博治、高野和憲、月崎晴夫という清新な配役で臨みます。三人とも父の弟子でまだまだ未熟ではありますが、今では我々の活動に欠かせない働きをするように成長しました。深田と高野は国立能楽堂養成課の出身で私も教えています。「二十一世紀の狂言」の青写真という感じを受け取っていただければと思っています。

一方「鬮罪人」は「野村の狂言」という意識で父、叔父に相手をしてもらいます。人が増えた分活動量が増し、時には万作班、万之介班、萬斎班などの三班活動も可能になりました。しかしその分伝統的な古典の演技の呼吸が薄くなっている気もします。全員が初役の時もあり、細かいところの意識に演者同士の食い違いがあったりで、こんな曲ではないのにと思いながら演じることもあります。個人の解釈とかいわゆる小芝居的な感情の流れで演技するのではなく、伝統的な大きな枠組の中でスケールの大きな演技ができればと思います。その中で芸を、そしてエネルギーを競い、掛け合うことこそ狂言の、こと江戸前狂言の真骨頂だと思います。「狂言は大竹の如くにて、直ぐに清くて節少なかれ」とは我が家の家訓でもあります。

先日ある新聞社の取材を受けた時、「釣狐」はやらないのですかという質問にあいました。嬉しくもあり、痛いところを突かれたという気もしました。というのは、私の祖父も父も「狐役者」と例えられるほど「釣狐」を得意として数多く演じているからです。特に父・万作は普通の狂言師が一生の内一、二回しか演じないところを二十数回演じています。他ジャンルのことや演出のことでなく、久しぶりに正統な伝統芸能継承者らしい質問を受けた気がしました。「披キ」(初演)から十年。その後福岡とニューヨークで演じましたが、ここ数年ブランクがあります。「今こそ演じて狂言師・野村萬斎の真価を問うて見たい」。ござる乃座の二十回記念にと頭をかすめましたが、断念しました。なぜならば、「釣狐」という大曲を現在のござる乃座の見所（観客席）に問うのはまだ早いと思ったからです。もうしばらく待って、別の企画でと思いました。

自らのレパートリーをふやすため、また現代の観客層をふやすため、演者・観客ともに狂言を学んで行こうというために発足した「ござる乃座」も十年、二十回。積み重なった部分も多くあり、新鮮に入れ代わって行くところもありました。旗揚げした時のコンセプトは充分果たしたと思います。しかし新旧の足並みが揃わなくなって来ている部分も多々あります。劇場狂言、狂言ワークショップ、地方都市での狂言普及公演が盛んな現在、「新」の部分はそれらに任せ、ござる乃座も第二次の段階を迎えなければならないと思っています。芸を見せ、語る場としての「ござる乃座」。二十一回目からの指針にしたいと思います。これからもよろしくお願いいたします。

（一九九八年九月五日）

# 萬斎でござる XXI

十周年二十回を終え、新たなる「ござる乃座」の出発です。今回は、父・万作の長年の弟子の石田幸雄と、この度国立能楽堂養成課を修了した高野和憲、深田博治が「苞山《つとやま》伏《ぶし》」を演じます。そして叔父・万之介と私の「空腕《そらうで》」、父と私を始めとする一門総出の「花折《はなおり》」という番組です。期せずして三番とも舞台で演者が寝転がります。「苞山伏」では三者が寝、「空腕」では太郎冠者が目を回し、「花折」では新発意《しんぼち》（出家して間もない者）が酔い潰れます。いびきこそかきませんが、日常の生活に密着した狂言ならではのことと思います。

「苞山伏」は狂言には珍しい推理小説仕立てで、登場するキャラクターが三つ巴になる写実の狂言です。内容はいたって単純ですが、狂言の近代的演劇性を垣間みることができます。

「空腕」は狂言ならではの仕方話が生きる独演性の強い演目ですが、主の存在感も見逃せません。若い頃の父の好演にもかかわらず、主の役を演じた祖父・万蔵が総てをさらったというエピソードも聞いたことがあります。茂山家の演出もなかなか優れていると思いますが、父の「空腕」を初めて見た時の面白さが私の印象に強く残っています。新国立劇場で演じた、木下順二作「子午線の祀り」の平知盛役で取り戻せた日本語への自信を持って取り組みたいと思います。

「花折」は少し地味な演目ですが、祖父・万蔵が七十歳に余ってＮＨＫの放送用に演じた新発意の茶目っ気が、子供心にも印象深く残っています。一足早い春の風情を味わっていただければ幸いに存じます。

二月三日から二十日までの十八回の公演の「子午線の祀り」は新国立劇場始まって以来の連日の超満員で幕を閉じました。朝五時から当日券に列ができ、二時間後の七時迄に並んだ人のみが入場できたという現象まであったようです。父が源義経として、また山本安英さん、滝沢修さん、嵐圭史さん、観世榮夫さん、そして宇野重吉さん、武満徹さんらが参加して積み上げた一期五次までの公演。その神話にあやかりつつも大方のご好評をいただき、肩の荷が下りた気もしますし、良い勉強になりました。平家物語の壇の浦の合戦に題を取った現代劇と言いつつもやはり「語り」という範疇にある言葉の螺旋。そしてそれに呼応する運命の螺旋。「祀り」の司祭、進行役として観客の皆さんと木下先生の戯曲を越えた「劇文学」を旅できたことに幸福を感じます。もちろん「見るべき程の事は見つ」という名言をこなせたかなど課題は山積していますが、知盛を心理的に演じるのではなく、知盛の心理を描くことの重要性を再認識できたことに意義を感じます。早二年後には再演の噂までであります。父が義経を生来の役と言い得たように、知盛と向き合って行きたいと思っています。

（一九九九年三月九日）

## 萬斎でござる XXII

残暑も厳しい折からですが、皆様いかがお過ごしでしょうか。私は相変わらず好きなことをしまくっている果報者であります。

古典の大曲「花子」の盛岡、名古屋（ござる乃座 in 名古屋）公演、「伝統の現在スペシャル＝藪の中」の再演、スペース・ゼロでの「新宿狂言＝法螺侍」の再演、世田谷パブリックシアターを始めとする全国子ども劇場での「狂言ワークショップ」、またこの夏は二千七百人収容の大阪フェスティバルホールにて、照明・音響・映像まで持ち込んだ「電光掲示スペシャル　地獄狂言の会」を致しました。そしてこの秋は「藪の中」をシアターコクーンで、狂言の技術を使いながらも現代演劇として見せる劇場版新演出に挑戦します。またNHK正月時代ドラマ「蒼天の夢」の高杉晋作役の撮りもあります。蛇足ながら九月十二日は私の母校・筑波大学付属小の六年生に狂言を教えたNHKの「課外授業　ようこそ先輩」の放映があります。

とは言え、本日の公演や十月の「万作を観る会」が一番楽しみです。大きな会場での創意工夫もスリリングですが、能楽堂という空間での古典が、安心し且つ実力試しになるからです。「宗論《しゅうろん》」は亡き祖父・六世万蔵の最後の舞台（法華僧は父・万作）となった曲であり、父と伯父のコンビネーションの際立った舞台を何度も見ています。殊に観世榮夫・銕之丞師兄弟らと催した反核平和の能・狂言会「中楽乃座」では、当時対立していた原水禁と原水協への風刺とも受け取れました。また「法華も弥陀も隔てはあらじ」というキリ（エピローグ）の謡の和合の精神は、真の反核平和の願いとしてのメッセージに成り得たと思います。「ござる乃座４ｔｈ」では父の胸を借りて法華僧の役を初演しました。なんとか父に食らいつこうと、剛直な法華僧の型に体当たりした余り、「半ギレ」状態になったことを思い出します。最後は精も根も尽き果てましたが……。人を通じてではありますが、珍しく父が褒めてくれた、二十歳代での思い出の舞台の一つです。法華僧は書道で言うなら楷書。三十歳を越え、一つステップアップして草書の、柔といなしの浄土僧役に挑戦です。

「舟ふな」はＮＨＫドキュメンタリー「狂言三代」で祖父万蔵に稽古をつけてもらっている映像が印象的です。私のビデオ「野村萬斎　初舞台から襲名まで」にもその部分が出てきますが、カメラが廻っているせいか祖父も昂揚して、普段の厳しい稽古が尚一層激しく、子供心に困ったことを思い出します。また本番では、申合わせ（リハーサル）の出来が良かったにも拘わらず、間違え・つっかえもあり不出来で、幕に入った途端振り向き様に、主役の父に扇で殴られたこともありました。父曰く、私に対する叱責というより、稽古の成果が問えなかったことへの悔しさだったそうですが……。今回の公演のように老獪な主の役をシテにして演ずることが多いのですが、本来太郎冠者がシテであり、主のあげ足をとる太郎冠者の機知が冴えると、小品ながら曲に厚みが出ます。

「仁王」はスラップスティック的な単純に楽しめる曲です。「ござる乃座」で「花子」を披いた時には叔父の万之介にシテを勤めてもらいました。参詣人の願はある程度アドリブ的なせりふで言うこともあるのですが、その時客演してくれた若い一人が「萬斎殿の人気を分けて下され」と願をかけた時には、見所が笑うというより白々とした雰囲気になったことを覚えています。我が家では年功を積んだ者が時にアドリブを言う時がありますが、若年の者には許されません。やはり情況と節度を判断できる経験が必要なのでしょう。その意味では父の演じる「男」の役には、様式と芸を踏まえた上での経験がものを言うことと思います。

それでは皆様、ごゆるりとご鑑賞下さい。


（一九九九年九月三日）

## 萬斎でござる XXIII

本日はご来場ありがとうございます。いよいよ二〇〇〇年を迎え、気持ちも新たに引き締まった気がいたしますが、実状は一九九九年とさして変わらない日々だなぁという実感のする二月ではありませんか？

それにしても一九九九年は怒濤の日々でした。古典狂言の公演はもとより、「子午線の祀り」（新国立劇場）、「法螺侍」（スペース・ゼロ）、「電光掲示狂言」（大阪フェスティバルホール、アートスフィア他）、「藪の中」（シアターコクーン、近鉄劇場）、「蒼天の夢」（NHK正月時代劇）、おまけは大晦日の「紅白歌合戦」の審査員と、振り返ってみるだけで目が廻りそうです。十月には、長男誕生という慶事もありました。一九九五年、英国留学よりの帰国時以来、年々忙しさは右上がりの状態ですが、まわりのスタッフとの連携も軌道に乗り、彼らの努力と助けを得て、留学の成果を世に問えるところまで来たようです。

ご報告を申し上げると、「子午線の祀り」の新中納言知盛役で、読売演劇大賞・優秀男優賞、「藪の中」の演出で文化庁芸術祭演劇部門新人賞を戴きました。読売の方は角野卓造氏（最優秀賞）、市川團十郎丈、中村富十郎丈、中村鴈治郎丈と並んでの受賞となり、一九九九年の日本演劇界男優の五人に若輩の私も加えていただき、光栄に思っています。加藤周一氏に「世界の名優五人の中の一人」と評された祖父万蔵にほんの少しだけ近付いた気分です。芸術祭の方は、父万作の奨励賞三回、優秀賞四回、大賞一回には遠く及びませんが、同じ基準の中での受賞で嬉しく思っています。

「平家物語」を典拠にした「子午線の祀り」、「今昔物語」を典拠にした「藪の中」、双方とも古典が題材の作品ではありますが、その現代性が評価の対象になったことが何より嬉しいです。この「ござる乃座」でも、「現代に呼吸する狂言」を掲げて久しいですが、過去の遺物、化石ではなく、観客が現在の自分、状況、社会に置き換えられるような時空を提示して、演者とともに旅をするというのが、私にとっての狂言、演劇という行為です。もちろん狂言師として職人的技術の絶対がなければなりませんが、その上での演劇的行為は、現代に対して常に相対でなければならないと思っています。世阿弥の言う「離見の見」とはこのようなことではないかと思うようになりました。「命には終わりあり、能には果てあるべからず」という言葉も、限りある命の絶対と、時代を映す能という行為の相対を説いているのではないかと思います。

さて今回の「ぬけがら」「小傘《こがらかさ》」はいかなることにや。「ぬけがら」は自分のステップアップに、「小傘」は亡祖父六世万蔵の二十三回忌にあたり、泉下の祖父に手向けたいと思います。

（二〇〇〇年二月十七日）

## 萬斎でござる XXIV

六世野村万蔵が没して二十三年を経た。「江戸前狂言の開祖」と評された祖父のことを思うとき、楽しかったし、楽しそうに洒脱に演じていた祖父の舞台と、「狂言の近代化」ということを思い出す。近年の狂言師及び能楽師の生活の安定に伴う「お家」だ「宗家」だという能楽界の保守化・権威化に辟易する中、実力技術主義を貫き、時代を見据えた遊戯心を持つという明治以降の伝統、「江戸前」に固執したい。曾祖父五世万造即ち初世萬斎は、明治維新で加賀藩の扶持《ふち》から世間にほうり出され、狂言の近代化を余儀なくされ、息子の六世万蔵でそれを実践し、開花する。父万作の代では現代舞台芸術の中での一つの価値観として狂言が定着した。即ち「狂言の現代化」。今、私は狂言の現在、未来形、そして社会性を考えている。何百年間の伝統を誇示するよりも、洗練された技術「型」を持つ狂言に、現在の何が映っているのか、映されているのか、これからも映って行くのかが気になって仕方がない。

「伝統の現在」というユニットで十年間実験的に手法や新作にこだわった。芥川龍之介、別役実、木下順二、飯沢匡、高橋睦郎など、近現代の作家の作品に携わった。狂言の演劇性を考え、演出の勉強をするのにたいへん良い機会を得てきた訳だが、伝統という線が、現在という点で完結してしまうことが多く、終了した。

今回は三番ともに追善曲で、硬派な番組となっている。技術にこだわりたい。「二千《じせん》石《せき》」は、「奈須与市語」「文蔵」「朝比奈」と同じく仕方を伴う語りが中心の曲である。しかし他の三つの曲に比べて祝言性が強く、誇張によるパロディー的なところもあり、晴れやかである。父・万作が積極的に演じてきた曲で、他の演者ではあまり見たことがない。誇張の部分が解りにくくなってしまっているため敬遠されているのかもしれない。

出世のきっかけとなった祝言の謡を「石の櫃《かろうと》（＝箱）の蓋の、ふうっとする程謡い入れ、七重に注連を張り、南無謡の大明神と額を打ち……」というところまで大時代に祀り上げる可笑しさ。櫃を「かろうと」と発するために意味が解りにくい。他にも「畳の塵を毟《むし》って……」「畳のへりにつまずいて……」「尺八をおっ取って投げ打ち……」など、様式性が強いわりに写実な表現でペーソスを作る面白さ。それを言う太郎冠者も重要である。

「悪太郎」。好きな狂言の一つである。最近になって父も多く演じるようになったし、NHKの「名人の面影」というビデオで、やや晩年の祖父のも見られる。しかし私はこの曲の若手ならではの演じ方に近年こだわっている。持て余し、行き場のないエネルギー。虚勢を張るという名目の、自己の殻たる長刀・大髭。能楽界でいう紅入《いろい》りの世界。それが「南無阿弥陀佛」という六字の名前を境にピュアであり、イノセントな墨絵（紅無し）の世界へ転調する。笑い泣きの、青春の傷みを感じさせる曲とも思えるからだ。

「祐善《ゆうぜん》」「蟬」は舞狂言であり、上演頻度は少ないが、それぞれ舞に特徴がある。「祐善」は傘を使って舞う能楽唯一の舞であり、内容的には「傘・笠尽くし」になっている。また傘の部分の名称、紙、骨、轆轤《ろくろ》なども詠み込まれている。面白みは殆どないが、キリ（終曲部分）の音楽性に富み、傘の扱いが視覚的に珍しい。追善会では小舞や連吟として出ることが多い。「蟬」は舞狂言の中でもっともスピード感があり、派手な型付けになっている。七年間の土中での幼虫生活からやっと成虫になった途端、鳥に襲われる悲喜劇。「野村狂言の会」での初演時は、大笑いする人と、ぼうだの涙にくれる人の両方がいたらしい。今回の見所の反応が楽しみである。いずれの曲も最後の成仏の仕方が洒落ている。

以上の曲を、中でも技術的な部分を、泉下の祖父に見てもらうつもりで演じたいと思う。

（二〇〇〇年十月二十七日）

# 3　狂言と「性」「質」

# 狂言と伝統

「能・狂言には七百年の伝統がある」とはよく使われるフレーズなのだが、そもそも七百年の伝統とは何ぞや？

一般に誤解されやすいのが、七百年前のものという認識であろう。博物館のガラスケースの向こう側にあるようなかび臭いイメージ。呼吸もせず干からびたような、しかし保存された不変の代物。

「伝統」という文字も堅苦しさに一役買っている。「統」という字に日本の縦社会的発想が見て取れる。頑固そうな、しかも他とは交わらない一筋の線のイメージ。

私は英語の tradition という言葉が好きである。trade（交換する）という言葉が含まれているように見える。頑《かたくな》なのではなく、常に良いものを追究するために部分部分を交換してゆくようなイメージ。

能・狂言も時代時代によって多少なりとも変化してきた。殊に狂言は室町の頃は台本もなく、筋とオチを決めてアドリブ的に演じるコントの要素もあり、流動的であった。

それを江戸時代にセリフとして本に書き付けるようになって固定化したらしい。

しかし全く変わらない訳ではない。「盆山《ぼんさん》」「柿山伏」という狂言には「おのれ鳴かずば鉄砲を持って来い。撃ち殺してのきょうぞ」というセリフがあるが、以前は「弓矢を持って来い」と言っていた。脅しのリアリティーのために「弓矢」を「鉄砲」に変えたのである。

伝統の「型」を受け継ぐということは、幼児が歩けるようになったり、しゃべれるようになったりするのと似ている。表現する手段を身につけるということなのだ。だから一通りの「型」の修得が終わって、自分の芸をし始める。「四十五十（歳）はハナタレ小僧」という老名人の名言も生まれるのであろう。

人間とていきなりその形で発生するのではない。約十カ月間、母親の胎内で、人類誕生数億年の進化の歴史をたどるのである。その過程を経ることで人として生まれるのである。

伝統を権威化するのは意味がない。実力もないのに道具を自慢してその気になっているようなものだ。道具の構造を理解し、使い方を知らなければならない。つまり「型」の生まれた必然を考え、現在に意味を持たせなければならない。そのためにも、狂言の進化の過程を繰り返す必要があるのだ。

「和泉流・一子相伝之秘書」なる文献も近年紐解かれ一般に刊行された。現在の狂言師に直接有効であるかは知れぬが、狂言の進化を知るための貴重な資料となるであろう。

現在の狂言師を見る時、第一線で活躍して功名を得ている先輩方は、みなかつて他ジャンルに挑み、今でも新作狂言に出演したりしている。「伝統を破壊して再構築する」などというイキがったことは一言も言わず、黙々と進化の過程を顧みて、現在にもっとも有効かつ新鮮な演技をしている。

他のジャンルに交わることも、狂言界ではもはや伝統である。私もその伝統の末尾で、出来ることなら進化し、真価を問うてもらえる狂言師になりたい。まずそろりそろりと参ろう。

# 狂言と「口伝」

能・狂言の世界では「口伝《くでん》」といって、書物には記さず、稽古によってのみ相伝する方法がある。稽古の場で口にして教えたり、手本を示して伝えるのである。究極の技術、又は演出のタネを秘密にするためである。

「口伝」が多くなっているのは狂言の世界では「釣狐」「花子」などの大曲で、それぞれ一時間近くを独演で通す。これは並み大抵のことでは済まない。秘術を尽くさねば観客は飽きてしまう。その秘術を書物によって外部に漏らさないための「口伝」である。又その技術を口外しないであろうという信頼関係はもちろんの事、その技術を相伝するに値する役者であることが条件である。師匠が弟子に免して相伝が成立する。「ライセンス」を習得する訳である。

我々能・狂言も江戸時代には武士の階級に属していたからなのか、観阿弥・世阿弥の頃は猿楽・田楽の座（グループ・劇団）が競って将軍・大名の扶持《ふち》を得ようとした時の名残なのか、武道や剣術と同じように秘密と免許が能楽界には取り付く。

明治維新の混乱期、大名の扶持から放り出された能楽師・狂言師は路頭に迷った。鷺《さぎ》流という大蔵流と同じく古くからある狂言の流儀は生活のため、当時新興の「歌舞伎」に技術を流出することで生き残りを計った。現在歌舞伎の中で「松羽目物《まつばめもの》」といわれるのは能・狂言からの輸入演目を示すようであるが、「棒縛」「身替座禅（花子）」などは鷺流の教えに因るものであるらしい。しかし旧態の階級意識は能楽界に強く残り、歌舞伎役者を蔑視して、それに近付いた鷺流は能楽界追放、そして消滅へと辿ってしまう。今では山口県にその流れを汲む保存会があるだけである。

「口は災いの元」というが、歌舞伎に「口伝」して鷺流は滅びた。七百年の伝統を能楽界は誇るが、時代の波に潰されていった部分が無い訳ではない。シテ方（能の主役・地謡などを勤める）は大和猿楽四座の流れを引く観世・宝生・金春・金剛の流儀に江戸時代に設立された喜多流を合わせた五流とも健在だが、ワキ方・狂言方・囃子方には滅びた流儀がそれぞれある。後継者の問題、宗家が絶える、他の流儀との技術競争に敗れる、近代化の失敗などいろいろ原因は考えられるであろう。狂言に現存する大蔵・和泉の二つの流儀も宗家は一度断絶し、昭和になって流儀内の人々の合議によって再興されたものである。しかも私の属する和泉流はその再興して家元になった方が急逝され、またも現在家元不在の状況である。「釣狐」「花子」を「大習」といって重く扱う。即ち重要かつ難易度の高いライセンスとしているが、究極のライセンスに「一子相伝」というランクがあって、「狸腹鼓《たぬきのはらつづみ》」という曲がある。あまりに秘密にし過ぎて「口伝」の部分が不明になってしまったという状況である。今日では書物だけをもとに演者が創作工夫して、いわば復活させて上演している。

世阿弥は「秘すれば花」と説いていろいろな意味での秘密を奨励したが、「秘、過ぎれば仇」となった実例もある訳である。

# 演技と経済

ここ数年山形県の小国町で、フランス人を主なる対象とした演劇ワークショップが開催されている。身体訓練を主目的としたプログラムで、フランスのマイム、ダンス、イタリアのコメディア・デラルテ、日本の狂言、能を数週間朝から晩まで学び、体験し、自己能力を開発するのである。私もそのうちの一週間を担当し、狂言を教えた。

フランスのマイムを教えるのはマルセル・マルソー。言葉の無いマイムの世界で吟遊詩人と喩えられる、日本でもその名を知られた人である。喜劇王チャールズ・チャップリンに憧れたその人は無声映画さながらの行動をとり、時に自分のハート（心臓）を両手で現しながら私にプレゼントしてくれたりする。しかしこの方、演技をしていない時はよくしゃべる。狂言の稽古のように師のマネをさせ、コピーをさせて芸を盗ませるのとは違い、理論的に教えるのである。

ある日の授業でマルソーは一人の参加者であるフランス人に酔っ払って歩く演技をさせた。どちらかと言えばテレビでの活動が多いらしい彼の演技は一見泥酔の若者らしかったが、マルソーは彼にこう言った。

「それでは演技が不経済だ」。フランス語を解さない私は通訳の人が頼りなのだが、彼女はそう訳してくれた。生まれてこの方「演技」という言葉に「経済」という言葉がくっ付くとは思いも寄らなかったが、その分新鮮に聞こえた。そしてマルソーはお手本を示した。そのシンプルなこと。そこにはただ単純に酔っているという身体言語があるだけなのだ。その酔いには若さも老いもない、泥酔とかほろ酔いとか意味付けされたものがあるのではなく、酔っているという状態だけが存在しているのである。それはまさしく我が能楽（能と狂言の総称）の世界にある「型」の存在に等しく思えた。

能楽の「型」はいわば倍率の良いレンズだと思っている。演じる者はそのレンズに向かってエネルギーを放出するのである。レンズが良ければ投影される影は実像より大きく映る。そしてその影に想像力で色を付けるのは観客席にいる方たちの特権なのだ。マイムも能・狂言も省略の演劇であるから観客の想像力とそれに付随する遊戯感覚に頼らざるを得ない。

不経済と言われた人は「型」を持たず、そのため自分で意味付けしてしまったのだと思う。動作もマルソーに比べて大袈裟、汗水垂らして必死の割に興を削ぐ。観る者の想像力を働かせる前に、全てを説明してしまっているからだろう。結局状況を説明している必死のその役者だけが前面に出てしまい、肝心の「酔い」は努力も空しくどこかへ逃げてしまった。「不経済」とは言い得て妙であったと今も感心してしまう。

能楽の世界には、「四十五十はハナタレ小僧」という言葉がある。「四十歳五十歳でも未熟」という意味のようだが、これも「演技の不経済」のことか？　中島敦の「名人伝」では百発百中の弓の名手が仙人に向かって弓を自慢する。仙人は名手に向かい、弓矢を以って射れば射て当然。私は道具なしに、射ずして射ることができると言って退ける。還暦過ぎて斯様の境地に立てたらいいなぁ。

## 狂言と「男」「女」

古典芸能、伝統芸術と呼ばれるものの中には男だけで継承してきたものが多い。狂言もそれに漏れない。

と言って、女性の登場人物がない訳ではない。男が女性の役を演じるのである。女性が登場する演目「女物」は現行曲二百五十四番の中二十九番ある。傑作、佳作が多く、狂言尽くしの会ならば、三番立ての中一番は「女物」であることが多い。

女性の役を男が演じるのは、能、歌舞伎が有名であるが、片や女性面を着け、片や女性らしい化粧を施す。遠くは英国のシェイクスピア劇も元々は男優が女性を演じ、中国の京劇も梅蘭芳という女形が活躍していた。現在の日本演劇界には美輪明宏など、歌舞伎ではない女形もいる。鈴木忠志演出の男優だけによる「リア王」などもセンセーショナルであったようだ。

狂言の女役は、それ専門の役者、いわゆる女形によっては演じられない。否、狂言師は、太郎冠者から福神、大名、山伏、僧侶、鬼、百姓、動物、昆虫、詐欺ペテンの類から女性まで、総てを演じられなくてはならない。しかも女性を演じる時、特殊な場合を除いて面を着けず、美男鬘《かずら》と呼ばれる晒状のものを頭に巻き付けるだけで化粧もしない。特別に女性らしくもしない。勿論「型」として、普段の男のカマエよりも肱《ひじ》を張らずに身体につけるとか、セリフも「ござる」の「る」の字を消さずに言うとかあるが、どこから見ても男のまま女性を演じるのである。逆にどこから見ても女という役作りを決してしないのである。

狂言に登場する女を「わわしい女」と言う。室町幕府の実権を握った日野富子あたりがその先駆けであろう。室町時代に形を整えた狂言にも、その室町気質を反映してか、開放的な活気ある女性が登場する。「わわしい」という言葉は、昭和のウーマン・リブに例えられたりもした。しかしそのような抑制に対する反動というより、駄目な夫の尻をたたき、「男」にするような肝っ玉母さんが多い。だらしの無い弱い男と、頼れる強い女が増えた今のご時世に近い男女関係のような気がする。

現在セックスを含め、男性性の減退が囁かれるが、狂言の男女関係においても、セックスの臭いは殆どない。大曲「花子」においても、浮気での一夜の情事を濃密に語って聞かせはするものの、浮気相手は登場しない。他の演目でも、喧嘩で揉み合うことはあっても、抱き合うことさえない。目隠しする、手を取るくらいがせいぜいである。

シェイクスピアの「ウィンザーの陽気な女房たち」を翻案した新作狂言「法螺侍《ほらざむらい》」では、師父・万作演ずる洞田助右衛門（フォルスタッフ）が人妻と逢い引きをする。抱擁、接吻しかけるシーンがあるが、そのような情況に対応する古典の「型」はなく、「濡れ場」の演出には皆が気まずい思いをしたりもした。

狂言における「わわしい女」は、女房であることが多い。「この辺りの者」たる男（シテ＝主役）の、人に言える日常生活の中でのパートナーとしてのみ存在する。故にシテになることはない。女性性を極力抑え、共同生活者としてフラットに描写される。

近年私も演劇、映像など、女優も出演する狂言以外の仕事が増えた。幸いにして（？）男優が圧倒的に多い「男の」芝居ばかりで、狂言の「型」の守備範囲で済んできた。NHK朝のテレビ小説「あぐり」でも、「女の」芝居でありながら、NHKという公共放送の殻に守られて「濡れ場」はなかった。「怖いもの見たさ」とはいうが、狂言師とて演技者の一人。未だ知らぬ女優との「濡れ場」に、思いが濡れたりもする……。

# 狂言と装束

能・狂言の世界では、舞台衣装のことを装束と呼び、大切に扱う。一つ一つの装束が高価なこともあり、また殿様から拝領したなどという歴史的骨董品としての価値があるものもあるからである。またいだりしたら大声で叱られる。

装束は着物であるから、ファスナーなどない。基本的には帯や紐で結ぶだけである。しかしそれだけではどうしても処理できない時は、糸で結びつけるのである。終わればまた鋏で切るのだが、その糸屑を取り残してはいけない。うっかり取り忘れて、糸の球をぶら下げて次の舞台に出るのは、鼻くそを顔につけたまま出るようなものだと諫める人もいる。

能装束は絹を多用して、それに金銀の箔を置いたり、彩りの糸で刺繡した豪華な物が多い。唐織《からおり》、縫箔《ぬいはく》、厚板《あついた》と呼ばれる物がその代表である。一方狂言の装束は、麻を利用して染め抜いている物が多い。素襖《すおう》、長裃《ながかみしも》、肩衣《かたぎぬ》などである。

能楽界に装束仕立屋はいても、貸し衣装屋はいない。それぞれの流儀、家、グループで、自ら管理するからである。またそのコーディネートも、管理する演者自身がする。演じるキャラクター、季節に合わせて、それぞれのパーツの形は不変の物だけれども、色、柄の組み合わせを熟考して決める。

洋服の一般的コーディネートの主流はモノトーンかツートーンである。黒ずくめ、ワンピースはモノトーン。Tシャツにジーンズ、スーツにネクタイはツートーン系であろう。細かい柄の色はともかく、三色以上使うのはなかなかの冒険であろう。もし使えば道化の衣装のようになり兼ねない。

アルルカンを始めとする道化の衣装は多色なことが多い。イタリア喜劇、コメディア・デラルテのアルレッキーノは多色のダイヤ型のツギハギ模様。サーカスやトランプのジョーカーに見られるピエロもその流れを汲む。

狂言の中のスーパースター、太郎冠者は三色コーディネートである。肩衣、縞熨斗目《しまのしめ》、狂言袴のスリーピースを着るのだが、全て色が違う。愚考を繰り返しつつも人間心理を映す道化と、同じような性格があるからであろうか。またそれに対する主人はツートーン系である。長裃というスーツとも言えるフォーマルないでたちの下に段熨斗目《だんのしめ》というストライプ系の物を着る。

熨斗目というのは絹で織られた小袖の類をさすのであろうが、縞や段といった大胆なパターンの繰り返しでできている。その上にまた麻で出来た肩衣や素襖などの柄物を着るのだが、ウルサくなることはない。素材の違いがあるからであろう。絹の柄の立体感と麻の柄の立体感が相殺しないのだ。

オートクチュールの世界でも素材感の違いが注目されているようだけれども、我が能楽界の先人たちは何百年も前から素材の違いを操っていたのだ。そしてそのアイディアが世界のアーティストをも刺激しているようである。

アンディ・ウォーホールのマリリン・モンローなどを観る時、このポップ・アートは、狂言肩衣のデザインのデフォルメ感と共通するものがあると思うのは、私だけであろうか。

# 狂言とウォーホール

初めて「キャンベル・スープ缶」の絵を見た時、こんなものをなぜ絵にしたかとも思ったが、何だかTシャツのバック・プリントに良さそうとも思った。すると不思議に狂言の肩衣が思い出された。肩衣とは太郎冠者など、狂言に於ける庶民が身につける肩の尖った上着のことである。裃の上と同形だが素材は麻。背中にはデフォルメされた蜻蛉《とんぼ》、蕪《かぶら》など、生活上身の回りにあるものの絵を染め抜いたものが多い。

アンディも狂言も、非常にリアルなものを、様式に入れ込むことによってかえってデフォルメし、ポップな遊び心を加えて愛嬌を出している。マリリン・モンローの絵にしても、マリリンというリアルなものを規則正しく並べた上に、バサラ的感覚で蛍光色を施し遊んでいる。一見ニヤリと笑えるが、段々人間の多面性を映し出す。

十四世紀に日本で形を成した狂言と、二十世紀のアメリカから花を咲かせたアンディ・ウォーホール。アンディが狂言の肩衣に影響を受けたか知る由もないが、時空を越えた共通意識に、なんだか嬉しくなる。

## 狂言と「学」

狂言界・能楽界は学歴社会ではない。高校を卒業してどっぷりと修業の時期に浸かる人が多い。当然のことながら学があっても芸ができなくては意味が無いからである。私は師父・野村万作が早稲田大学を出たこともあって大学に行かせてもらえた。「狂言師になれ」とは一度も言わない父であったが、「東大に行け」とは無責任に言っていた。しかし残念ながら東大を受験することも無く、私は東京芸術大学に進学した。

受験の関ヶ原と言われる高校三年生の夏休み、私は黒澤明監督の「乱」のロケ現場にいた。盲目の少年「鶴丸」役で出演していたのだが、片手には台本ではなく「デル単」を持っていた。英語教師の経験がある俳優の加藤武さんがつきあって下さったが、夏休みが明けたときには大きく出遅れていた。

東京芸術大学音楽学部邦楽科には能楽専攻と言って、狂言のコースがある。私はそこの初めての生徒である。しかも担当の先生は父である。コースは前からあったが合格者が無く、また父は専攻ではない生徒の、副科の授業のために講師として通っていた。このコースの受験には共通一次試験と狂言の実技と楽典の試験があった。出遅れた私にとっては楽典さえクリアすればよい絶好の試験科目である。もちろん父は私の狂言実技の採点はしていない。しかし家でできる稽古をわざわざ大学まで親子二人して通うことを選んだ訳である。私は狂言どっぷりという状況にいきなりなることより、大学という外の空気を吸ってみたかったのである。

狂言の家の子は三歳で初舞台を踏み、調教にも似た修業が始まる。しかし本当の意味での修業は大人になってからの方が厳しく、苦痛である。自由を求める自我と伝統という強大な枠組みの葛藤。しかし囲いがあるからこそそこに遊戯の精神が生まれ、逆に自由に表現できることを修業が終わる頃になってやっと知る。囲いのない野原での鬼ごっこは誰も捕まらずに面白味がない。囲いがあるからこそ「手つなぎ鬼」「氷鬼」という発展があるのである。

伝統の「型」を学ぶために学力は必要ない。師匠のコピーをして「型」を覚える狂言のためには師匠の真似をする才能が欲しい。能・狂言の原形たる「猿楽」は基本的には「物真似芸」なのだ。師匠が示す「型」の本質・特徴をいち早くつかみ、自分の体に転換する能力。イメージで捕える事も重要である。師匠と弟子は骨格も違う。師匠の「カマエ」を写す時、腕《かいな》と二の腕の長さの比率が師匠と違う弟子は、師匠の腕の角度をそのまま写してもあてはまらない。師匠と同じ感覚をもっていることも重要である。家の子は師の「血」の半分を貰っている。外から入った弟子はその感覚を埋めるためにも師と寝食を共にする修業の時が必要なのである。

東大に入学することはなかった私だが、二十五歳から三年間通った。教養学部表象文化論の非常勤講師として狂言を教えた。「学」ではなく「芸」として。大学構内ではサークルの勧誘を時々受けた。「学」にどっぷり浸かってる人達の中で私は外の空気を身につけていたからかなぁ？

## キョウゲン気な子のために

狂言師の活動は、能楽堂での公演が基本だが、近年劇場公演、薪能などの野外公演も増えている。一方「狂言教室」と名付けられた、小中高校生を対象に狂言を見せる、地道な普及活動もしている。

戦後からの活動であろうか、父・万作を始めとする狂言師たちが尽力してきた。学校の講堂・体育館まで出向き、狂言の見方を解説、「附子《ぶす》」など教科書に載っている狂言を数番見せるのである。昔は大いに沸いたが、近年受け身のテレビ文化の影響か、無反応になってきている。

私は九四年夏からの一年間を英国で過ごした。英国演劇、取り分けシェイクスピアを中心に学んだが、幸い演劇教育の場にも参加できた。

ＬＩＦＴという隔年の演劇祭があるのだが、その教育プログラムに知的障害児にパフォーマンスをさせるというものがあった。英国人の振付家、音楽家、美術家、そして日本の前衛舞踊家、勅使川原三郎氏が指導にあたった。私はそれを見学しつつ、時に子供たちを励まし、また指導した。

集中しない子供たちに、思うように創作活動も進まず、業を煮やした英国人の大人たちは、私のパフォーマンスを見せることで集中力の大切さを教えようとした。私が舞を舞うときに、ころりと人格が変わって見えるほどの、型への集中力を発揮することを知っての御所望であった。

子供という存在は、時に残酷である。責任がないことを条件に、初めて見る異国の舞への驚きを、嘲笑という態度で示してくる。ただ「飛返り」という大技をした時は、笑いが中断して息を飲み込む間があった。「この技のキレを見たことか」と思いつつも、ぶり返す嘲笑にお手上げという気分を味わった。

英国にはダウン症の人たちが作る劇団がある。私はその劇団のために狂言ワークショップを開催した。その中の女優に、あくまで自分の力で自分を表現したいのだという強い意志を感じさせる人がいた。自己表現のために、貪欲に狂言の技術にぶつかってきた。

私のように三歳で狂言の初舞台を踏み、半ば表現したいという意志と無関係に表現を始めた人間にとって、自分を表現したいという渇望を目の当たりにした一つの出来事であった。

私は近年、子供のための狂言ワークショップに取り組んでいる。それは狂言という古典芸能を単に見せたり説明したりするのではなく、本質的に表現する楽しさを、狂言のやり方で開発することを目的としている。

自己を表現し、また人を楽しませるには、演技術として辛いことや我慢することも必要である。それが「型」というものの一面である。そしてその「型」へのひたむきさを解放・発散する時、健康で幸せな笑いを演者・観客とともに共有することができるのである。

狂言には人の人生観を変えるほどのドラマティックな演劇性はないかもしれない。しかし心のつかえを解き放つ「笑い」がある。キョウもゲン気でいるために、狂言の解放の仕方を子供たちに伝えていきたい。

## 狂言と海外公演

古典芸能たる狂言と海外公演というと、一見結び付かないかもしれない。言葉や文化の壁がことさら厚く思われるであろう。しかし日本の文化使節の自負をもって、能とともに、頻繁に海外公演をしている。

能・狂言の世界で、海外公演に尽力した人を一人挙げるならば、手前ミソながら師父・野村万作であろう。五大陸を股に掛けてといえば大袈裟だが、アメリカ、ヨーロッパを始めとして、旧ソビエト、中国、オーストラリアでの公演を成功させている。

言葉の壁がある以上セリフ主体の演目より、視覚的に訴えられる曲を選ぶ。「棒縛」「茸《くさびら》」などボディー・ランゲージを駆使した演目が代表的である。パンフレットに粗筋を載せたり、台本の全文訳を載せたりすることが多い。

一九八二年の中国公演は京劇の習慣に倣い、字幕を使った。舞台の上手《かみて》下手《しもて》に字幕を張り、映写する。ただし同時通訳ではなく、情況の説明にとどめたようである。

その頃の中国はまだ人民服が主流であり、日本のパフォーマンスといえば、流行していた千昌夫の「北国の春」や山口百恵の映画を連想された。故宮博物院でカメラを構えれば、人が群がってくるような情況であった。

一九八九年のソビエト公演の時は、国家の経済政策の失敗で何を買うにも行列していた。棚の空っぽのスーパーマーケットを見たのは後にも先にもこの時だけである。ソビエト初のマクドナルド出店の看板が妙に痛々しかった。外国人しか入れない日本料理屋で、日本から食材を空輸して作った二千五百円のカツ丼には、味覚の内に悲哀を感じた。

公演は初めて同時通訳のイヤホンガイドで行われた。イヤホンガイドといってもヘッドホンではあったが、片側を外して我々のセリフにも耳を傾けてくれた。

ドーリヤさんという黒澤映画も訳した日露バイリンガルの女性が素晴らしい通訳をし、感動した観客は楽屋に押しかけ礼を言ってくれた。中には我々の健康を気遣い、トマトの差し入れをしてくれたおばあさんもいた。日本では商品価値もなさそうな色の悪いトマトであったが、それを手に入れるためにどれだけ配給の行列に並んだのかと思うと、感慨ひとしおであった。

「棒縛」は主人の留守に、縛られながらも懲りずに盗み酒をする召使たちの話だがどこの国でも必ず評判が良い。

「茸」は庭に生えた人物大のきのこを駆除するために、尊大な山伏が祈禱するのだが、祈れば祈るほどきのこは暴れ増えてしまう。最後には鬼茸が現れ山伏は追われて逃げ出す。

一九七〇年代、アメリカで「茸」を演じた時、痛烈な社会風刺として受け取られた。笠をかぶって動き回るきのこに、ベトナム兵を連想し、力で捩伏せようとする山伏に自国アメリカを見たようである。

この夏（一九九八年）、初めてベトナム公演をする。残念ながら「茸」は上演できぬが、「棒縛」を父と演じる。劇場という空間で、ベトナムの人々と一時の美酒に酔いしれることを楽しみにしている。

## 瓢簞

狂言「節分」では、節分の夜に蓬萊の島から鬼がやって来て、日本人の人妻を見初めてしまう。

何とかくどき落とそうと、蓬萊の島に流行る小唄を歌い出す。室町時代の流行歌がベースになって作られたのであろうが、中に「瓢簞《ひょうたん》」という小謡がある。

あまりの徒然《とぜん》に
あまりの徒然に
門《かど》に瓢簞吊いて
折節風が吹いてきて
あなたへちゃっきりひょう
こなたへちゃっきりひょう
ひょひょらひょひょう

瓢簞吊いて
面白やの

黒澤明監督は青年時代にはよく能楽堂に通っていたそうで、「節分」をご覧になったらしい。監督の作品「乱」はウィリアム・シェイクスピアの「リア王」を下敷きにしているが、道化の狂阿弥は、家督を譲られただらし無い長男を皮肉って「瓢簞」を唄う。私の師であり、父である野村万作は「乱」での狂言指導にあたり「瓢簞」を教えた。最後に生き残るもっとも不幸であった盲目の少年「鶴丸」には、能の「弱法師《よろぼうし》」をイメージした監督は、父に十歳前後の能楽師の息子を推薦するように求めた。

私の母は阪本若葉子という名の詩人であり、大の映画好きだ。父が集めた「鶴丸」候補の写真に、母は十七歳の自分の息子の写真を紛れさせた。私が狂言師になろうと決意したきっかけの「三番叟」初演の写真である。

思い出深い曲である。それまで半ば強制的に狂言をやらされていた私は、この曲初演に際し、初めて自主的に取り組んだ。

当時男子バスケットボール部に所属していたが、膝の蝶つがいが緩まぬように、父に一カ月休部させられた。膝の屈伸の柔らかさが重要な近代スポーツと能楽（狂言と能の総称）は相容れないのだ。

私は小学生の時よくスキーをしたが、雪のこぶを吸収出来ずに苦労した。近年は骨折を恐れてストックも握っていない。今ではスキーに行って足でも折ったら休めるなどと思っているが……。

狂言小謡「瓢簞」を始めにして私の人生は変わったのかもしれない。瓢簞、黒澤監督、乱、師父万作、鶴丸、そして私。「瓢簞からコマ」とは言ったものだ。私は今忙しくとも楽しく、真っすぐに回っている……つもりだ。バランスを失うとコマは倒れる。

又「乱」出演はシェイクスピアと私の最初の出会いだった。その後私は東京グローブ座でハムレットを主演し、テンペストのエアリエルを演じ、「ウィンザーの陽気な女房たち」の翻案狂言「法螺侍」に参加し、一年間の英国留学にも発展する。文化庁芸術家在外研修制度で、狂言師として初めて参加した。そして今の私がいる。

しかし所詮は門に吊された瓢簞なのだ。風に揺られてあっちへひょろひょろ、こっちへひょろひょろ。三十路《みそじ》を超えて未だ定まらぬ私は、忙しくも徒然に生きている。

## 狂言と「未」「来」

イギリス留学から帰った後、五年くらいは、何事も狂言を基準に考えてきた。近い将来には、狂言としての性格が薄い新作を、私の演出で現代劇の役者が演じるといったようなに、ジャンルを越えた活動になっていくだろう。それでも、古典の狂言の世界が礎になっていることに変わりはない。日本の狂言がベースになっていると胸を張れる作品もつくりたい。

イギリスから帰ってきて、自分なりに狂言というものの演出、そのデジタルな部分というものがいったい何なのかということを試行錯誤してきたつもりではいる。古典を劇場でやるとか、新作を能舞台の上でやる、または芥川龍之介の『藪の中』を狂言師を使って劇場でやる……そういうふうに発展させてきた。最終的にどこに落ち着くのかは今の時点ではわからない。

同時に、役者としての可能性は可能性として、映画にも出れば、蜷川幸雄さんの芝居にも出る。ギリシャ悲劇やシェイクスピアに、自分が現代の役者として挑戦する機会も来るだろう。

後継者も育てなければならない。私たちのカンパニーは、父が七十歳になり、叔父は六十代、父の弟子の石田幸雄が五十代、四十代はいないが、三十代、二十代、十代が少し。狂言にとっては世代にばらつきがある方が芸に厚みが出るから、後進の指導を怠ってはならないのである。子供たちの初舞台も迫っている。

どちらかというと、私は狂言師としてはサービス精神が旺盛な方だと思うが、父とタイプが違うとも言われる。叔父の万之介はサービス精神がある。祖父がおそらく晩年、サービス精神旺盛だったのであろう。

今でも、鎌倉時代の仏師である運慶や快慶の作品を見ると、時を越えても素晴らしいものは素晴らしいと思える。狂言もそうした芸術としての方向は志向しなければならないが、同時に時代とともに歩んでいるという意識も私の中にはある。大事なのは両方のバランスの取り方だ。芸術だからとありがたがってもらうために演じることもないし、媚びを売るように、お客さんが笑えばいいというものでもない。揺るぎなくてもリラックスした舞台をつくっていきたいものである。

## シェイクスピア

シェイクスピアの作品を狂言にすることもあれば、役者としてシェイクスピアの舞台に出演することもある。狂言は型によってデジタルに、かなりいろいろな表現方法を網羅しているが、シェイクスピアほどの作品にぶつかると、狂言にはない新たな身体のプログラミングが必要になる。それによって、狂言の技術が広がることもあるが、古典の狂言に悪影響が出てくることもありうる。しかし、意識的に古典をやるためには、ある程度狂言以外の舞台に取り組むことも必要だと思う。

たとえば、狂言ではなぜスリ足をするのか、なぜカマえて演技をするのか――。イギリス留学がなければ、改めて考えることはなかった。狂言師にとっては、なぜご飯を食べるのかというレヴェルの問題だからである。しかし、そこから掘り下げていくと、少なくともこれまでと同じ発想でありながら、違ったカマエもできるのではないかということがわかってくる。

試行錯誤の中から新しい表現方法がつくられていくのである。全くの自分のオリジナルな発想から生まれる表現は少ない。シェイクスピアにしても、いろいろなものをパクって作品をつくってきたのだから。

もちろんイギリスの芝居にも型はある。特に言葉の型だ。抑揚をつける、いわゆる朗誦法は狂言と非常に近い。言葉と人間の関係、言葉の様式性と演技の様式性の関係はつかず離れずだ。文語体の文章をリアルに口語的に演技しても成り立たない。

私たち狂言師も文語体の文章を語りという様式性で伝える一つの手段を持っているが、シェイクスピアの場合はその様式性が詩になっている。詩に語りのテクニックを使わなければならないが、会話になると口語体になるという芝居である。その違う様式の落差を、日本の役者がどれだけ意識して演じているのだろうか。詩の語りは、個人の感情よりも一段高い、神の目からの語りである。現代劇の役者は、どうしても口語としてしゃべり過ぎてしまう傾向があるようだ。

「ハムレット」を例に取ると、ハムレットは、父親がどこかでいつも見ていると思っており、語りの視点が自分の主観だけではないことを示唆している。背後からいつも見られているという意識。私たちの古典の舞台では後見と言って、大曲を演ずる時には師匠が後ろに座って舞台を見ていたりすることにつながる。

## スラップスティック

現代劇でも古典に近いものがある。コントである。二〇〇〇年の夏、作家のいとうせいこうさんが書いたコントを狂言として演じたが、喜劇は狂言と共通したテクニックが多い。

新作がよく書かれた本である場合、読んでいるほうがおもしろくて、わざわざ狂言にする必要がないのではないかと思うことがよくある。本だけでおもしろいのは、実はよくない。演じる側としては演技のしどころをつくってもらわなければ困るからだ。その点、いとうさんの台本はすき間だらけで、読んだだけでは何だかよくわからなかった。そのかわり、演技のしどころはきちんとつくってあった。

鏡の芸の場合、単に背格好があっていてもおもしろくない。ほんとうの鏡同士ではただ似ているだけで、芸ではないのである。鏡に見えないのに何か一瞬鏡に見える。「お客さんが想像の中で鏡にしていく舞台にしたい」と、いとうさんと熱く語り、「鏡冠者」という曲に仕上がった。私が太郎冠者を演じ、父が私の鏡である相手役を演じた。

私と父では背格好が全然違うが、鏡の前で浮かれた所作をしたりすると、その所作の決まるポイントだけが一致する。その瞬間がぴたりとそろうと、かえって気持ち悪い、怖い印象さえ与えるものである。

我々は師匠の真似をして芸を身につける。背格好は真似できないが、一つの型の決まり方は、絶対師匠と同じになる。まして親子であれば合って当然。そこがこの曲のポイントだった。いとうさんの台本は、その部分に関しては全くの空白にしてあったので、やってみなければどうなるかわからなかった。一つの型がぴたりと鏡になった結果を踏まえて、次の型、次の言葉が決まっていくという構造。それだけに観客には極めて古典に近い作品に見えたのではないだろうか。

## 安倍晴明

ところで、二〇〇一年は、映画で陰陽師の安倍晴明を演じることになった（『陰陽師』滝田洋二郎監督）。原作者の夢枕獏さんが、晴明は私にしてほしいと指名して下さった。漫画化している岡野玲子さんの安倍晴明も何だか私に似ている。そういう因縁の役柄であるから自然体で演じたいと思う。

私にとっての「自然体」とは生身の個人というよりも、型を身につけているデジタルな演技という意味である。安倍晴明のように呪術は使えないが、何百年も先達が磨いてきた技術が狂言の型だから、それが非常なる効果を出したりもする。同じ王朝ものの『藪の中』を狂言として演じた時のように、闇の怖さや、物の怪や怨念に形があることが前提になっている時代の話である。それは狂言の「自然」に通ずる。この映画が流行ると、古典の狂言がいかにおもしろいかということが映画を見に来た人にもわかってもらえるのではないかと思っている。

# 野村萬斎に聞く　狂言を背負って出掛けよう（野村萬斎・松岡心平）

**松岡**　萬斎さんは、狂言も含めた総合的な演劇人として自分の道を歩んでいらっしゃるわけですが、狂言と外の世界の活躍との関係ですね、その辺のお話をうかがいたいと思っております。また役者としてばかりでなく演出もされている。現在、世田谷パブリックシアターの芸術監督ですね。

**萬斎**　そうです。十年ほど前からさせていただいております。

以前、出演した「藪原検校《やぶはらけんぎょう》」という演劇での「めあき」と「めくら」の対比を例としてお話ししますと、芝居のなかで、あの『群書類従』を編集した塙保己一の科白に「めくらはめあき以上に品性を磨かなくてはならない」とあります。僕はこの「めあき」と「めくら」を能と狂言に置き換えて考えてみました。狂言師というものは本来、能以上に品性を磨いたうえで、喜劇的な部分をやる。能と狂言は一種、緊張関係にあり、シテ方に負けない品性を保ったまま狂言を演じるというのが、少なくとも父から僕が学んだことです。

そういう意味で、別に能と狂言を分けなくても、「品性第一」というのがわれわれの、おそらくですよ、最後の砦のようなところだと思うんです。能や狂言から品性をとってしまったらいったい、何が残るでしょうか。

それに、一定の入場料をいただくわけですから、やはりその金額に見合った芸術性を持ち合わせていなくてはならないと思います。

観世三兄弟の、寿夫先生・榮夫先生・静夫先生、とくに寿夫先生が中心となった活動、能はシテ方だけで成り立ってるんじゃない、ワキ方にも囃子方にも、もちろん狂言方にも口を出す、ということが発展して「冥の会」（観世寿夫主導の演劇グループ。一九七〇年結成）になった。この寿夫先生の発想は大きかった。

僕は秘かに、自分は寿夫先生の遺志を継ぐ者になりたいと思っています。「オイディプス王」もやり、現代演劇に切り込んでいっているという意味でね。「能楽現在形」という一噌幸弘《いっそうゆきひろ》さん、亀井広忠さんとのユニットでは、三役が能・シテ方を演出・プロデュースすることをしました。もう、そういう時代です。

しかし「冥の会」以降、「能以外のことをやる」という価値観はかなり途絶えてしまった。僕はそういう精神を受け持つんだ、受け継いでゆくんだと、恥を恐れず〝他界〟にも時に身を置くのです。つまり狂言・能を背負って、戦いに出掛けているわけです。よく先代の銕之亟《てつのじょう》（静夫）先生に聞かれました、「今度の他流試合はいつですか」って（笑）。つまり「道場破り」ではないけれども、そういう意識をもって、僕らは外に出掛けなきゃあいけないいんじゃないかな。

**松岡**　寿夫さんの時代は、鈴木忠志（早稲田小劇場）という大きな大きな受け皿があって、唐十郎（赤テント）、佐藤信（黒テント）、それに寺山修司（天井桟敷）とかそういう人たちがいましたね。つまり実際に共同作業はしなくても「寿夫イズム」に共鳴してくれる人たちはたくさんいた。そういう意味で萬斎さんのいまの時代の〝外〟は甚だ厳しい情況にある。辛い情況にある。

**萬斎**　そうです。僕がやっていることにとくにアドバンテージを見出すわけでもないし、僕の背負っている狂言にとって外へ出ることが必ずしも有意義かというと、それも一概にはいえない。

**松岡**　お父さまの万作さんはその辺、なんとおっしゃっていますか。まず〝外へ〟は万作さんがなさったんですよね。

**萬斎**　そうです。でも、父の時代は幸福な時代です。

**松岡**　観世三兄弟がいて、野村万之丞・野村万作、そして宝生閑《ほうしょうかん》がいてと……。この方たちが集団で動くんですから。

**萬斎**　うらやましいですよ。僕が外部出演した最初の頃は、父に許可を得ていました。世田谷の芸術監督を引き受けたあたりから、まあ「勝手にやりなさい」という感じになったかな。しかし「子午線の祀《まつ》り」「ハムレット」「オイディプス王」とやって……父は僕にこう言いました。「まだ他にやりたい役があるのか」ってね（笑）。

日本現代劇、シェイクスピア、ギリシャ悲劇の最高傑作をやったらもういいじゃないかという意味だったと思うんです。

しかし今回、井上ひさしさんのそれこそ最高傑作である「藪原検校」をやらせていただいて、はじめて狂言師・能楽師の身体・発声が、ここでは〝生きる〟と思いました。つまり洋物と日本の時代物の違いですね、それを意識したというか、非常に感ずるところがありました。

今回は父はわりあい喜んでくれているようです。

## 「川上」という狂言――「三番叟」の美と闇

**萬斎**　父の「川上」は〝狂言〟の枠を超えているようなところがあります。ワシントンDCのケネディ・センターで公演した時（二〇〇八年二月）、僕も一緒に行ったんですが、

「これは〝新作〟か」と聞かれました。

一日目は伝統的な演目として「棒縛《ぼうしばり》」「川上」「茸《くさびら》」、二日めと三日めは、シェイクスピアの「間違いの喜劇 The Comedy of Errors」をもとにした「まちがいの狂言 The Kyogen of Errors」という新作を僕がやりました。

アメリカの人から見たら、「川上」のストーリーやテーマは、身体障害・介護・離婚・宗教問題など、とても現代的に見えたのかもしれません。

日本の中世の劇というのは、自我よりも大きな森羅万象であるとか、戦も含めた運命論であるとか、もっと大きなものに向かっている。それは信ずるべき神や仏をもっているということでしょうが、一個人の力より、もっと大きなものと人間が対峙している、そういうニュアンスを「中世の劇」はもっている。

しかしアメリカ人にしたら、「川上」のストーリー性は、古典というイメージとは結びつかなかったようですね。それはそうなんです。「川上」の背景には「川上に降った地蔵の目線」という存在がある。実はそれが一番大切なんです。

日本の中世という時代は、自然と個がうまく添うているような感じがします。神仏が人間より尊くいた時代という。

**松岡** そう思います。ところで、萬斎さんは、「三番叟《さんばそう》」には格別の思いがあるようですが。

**萬斎**　一つに、僕には「三番叟」は美しくないといけないという考えがあります。もちろんかつては、農耕儀礼の芸能として宗教性が高かった。しかしだからといって泥臭くやれってことにはならないと思う。目指すところは農耕儀礼の再現ではなく、あくまで芸術性のある、一つの観念の世界へ入っていくこと、そのためにあのいろいろな〝型〟があると思っています。

**松岡**　萬斎さんの「三番叟」でとくに印象深く思っているのは、オリンピック青少年センターでの「三番叟」です。観世榮夫さんが翁をやった時の……。

**萬斎**　はい。

**松岡**　あれが素晴らしくて。千歳《せんざい》の柴田昂徳《たかのり》君もとてもよくって。あの時の萬斎さんの「三番叟」は、いままでのとはちょっと違うものでした。

**萬斎**　それはやっぱり、能舞台を出ていたからでしょう。ああいうホールでは〝発散〟で見せていく。能舞台ならば〝吸引力〟で見せていくわけですが……。

**松岡**　以前、お父さんの万作さんの、土屋恵一郎氏が歌舞伎座でプロデュースした時の「三番叟」を拝見しましたが、あの素晴らしさっていうのは……「三番叟」の究極じゃないか、と思わせるものがありました。とくに激しい動きの「揉之段《もみのだん》」より、静かになって鈴を振る「鈴之段」のすごさですね。あれは精霊が舞っている、と。

**萬斎** あれをやられると立つ瀬がない（笑）。

**松岡** もう、ちょっと異次元に行っていますよね。

**萬斎** 京都の比叡山根本中堂で父が「三番叟」を踏んだ時、お坊さんたちがしきりに感心していました。「一種解脱している」と。

**松岡** 確かに。解脱している、軽いんです。もう本当に肉体がなくなって精神だけの世界になっているんです。

**萬斎** もう「農耕儀礼」とかいうような意識はない。「舞おう」とか「見せよう」とかいう意識もない。

**松岡** 観客はそれを観ているだけで幸せになれる。

**萬斎** 僕にはまだ邪念があって、解脱していないので、父のようにはできないけれど、父も若い頃はカミソリのような「三番叟」でした。いままで僕もそれを目指してきたつもりです。これからは、そろそろ現在の父の仙人のような「三番叟」を目指そうと思っています。

ただ父のように無心になれないところが僕にはあるので。煩悩が強すぎるんです（笑）。

しかし四十超えたあたりから、体力まかせに「三番叟」をやるってことは難しくなってきています。ですから若い時のように囃子方とガチで勝負をするようなことは、難しい。もうちょっと〝流れ〟に身を委ねるという感じになってきていますね。

「三番叟」は好きな曲です。父にも言われましたが、これだけ多く「三番叟」をやっている狂言師は、他にいないんじゃあないかって。年に十回以上は踏んでいます。

「三番叟」というのは不思議な曲です。何度も何度も重ねてやっているうちに「狂う」という感覚に陥る。たとえば、囃子の螺旋に乗っかって、そのまま自分の意識を超えたところへ肉体が行ってしまって、身体だけが勝手に動いていたり……。

「三番叟」のいまのかたちは、亀井忠雄先生のお父さん、亀井俊雄先生とうちの祖父(六世野村万蔵)が申し合わせてつくった、と聞いています。型と手組みの関係は定まっておらず、どこでどう打つかが決まっていなかったのを、俊雄先生とうちの祖父とで申し合わせて、この手をここで打つと決めたんです。

もともとは狂言アシライの範疇、囃子方も即興性が強かった。ですから、そのようなご縁でうちでは葛野《かどの》流家元、亀井家にお願いすることが多いです。ことに披キのような時には。

**松岡**　おじいさま、万蔵さんには、子供の頃からお稽古を。

**萬斎**　僕は孫のなかでは一番稽古してもらったと思います。
**松岡**　どういうお稽古でしたか。
**萬斎**　噛みつき合いみたいな稽古でした。祖父は発散型で、父は陰険（笑）。
**松岡**　それは同時並行だったんですか。
**萬斎**　そうです。謡・舞を父に習って、狂言と間《あい》狂言を祖父に習ったという感じです。毎週金曜日に祖父のところへ稽古に行きました。
**松岡**　何歳くらいの時に。
**萬斎**　物心ついた時には行っていました。幼稚園ぐらいから、祖父が亡くなる時まで。祖父の教え方は、大人が子供に教えるというのではなくて、こっち側に、子供のところに降りてきて稽古をしてくれるというものでした。だから噛みつき合っているような。祖父が「私より大きい声出してみろ」と言うと、こっちもヤケになって「もっと大きな声出しや、いいのかよ」って。で、負けるもんかと、大きい声を出す。
　だから悲壮感みたいなものは全然なかった。大体、うちの祖父は洒脱といわれていた人でしたから。
　話を「川上」に戻しますが、水戸芸術館で「川上」を演出した時は、父の「川上」の〝暗さ〟や〝陰〟にこだわりました。最後の、川上のお地蔵さまのおかげでせっかく目が見えるようになったのに、その替わりに悪縁である妻と別れよ、と言われた夫の困惑。そして決心して妻に別れ話を持ち出す。しかし妻は承知しない。結局、夫は妻をとる。夫婦の愛情物語としてはハッピーエンドなのだけど、夫はまた「盲目」に戻る。闇の世界の住人になる。僕は父の「負のエネルギー」と、この盲目の夫の〝闇〟を強調したいと思って、普通のように橋掛りを妻に手を引かれて去ってゆくという型でなく、「永遠の闇に消えていく人」というイメージで、夫婦ともに真後ろに引っ込んでもらいました。問題提起をしたのです。父の「川上」は、近代的な不条理劇としてある、というのがその時の僕の解釈でした。あるいは父には能的な「負の力」がある。それを前面に出したいと考えて演出したのです。

そして、作品としての「川上」は、古典的な狂言の世界を超えた一つの戯曲として成り立っている、とあの時は考えました。しかしいまの父の「川上」は、またそこから脱して非常に温かみのある「陽なる川上」に解脱しているように思います。

## 身体のリズム――刃と艶

**松岡**　そういうシリアスな狂言の一方で、「呼声《よびごえ》」ですとか、「金津地蔵《かなづのじぞう》」「蝸牛《かぎゅう》」の最後のところでは、非常に浮かれてゆくという、能にはない、いかにも狂言らしいものがありますね。

浮かれていく、という意味では、能の「百万」の「車ノ段」などは、狂言と似ていませんか。

**萬斎**　確かに「呼声」「金津地蔵」「蝸牛」はみな〝浮キ〟という所作をします。現代のヒップホップです。ただこの身体のリズムというのは一流と超一流があるわけで、リズムに単に合わせるだけではダメで、リズムを体現しなくては超一流にはなれないんです。たとえばマイケル・ジャクソンなんて、リズムに合っているかどうかということさえ超えて、あの身体がまさにリズムを体現している。アントニオ・ガデスしかり、ミハイル・バリシニコフしかり、です。

そういう感覚で、「三番叟」もしたいと思っています。「ボレロ」（ラヴェル作曲）も僕の創作でやりましたが。「三番叟」は身体の切れにこだわりたい。清楚でありながら、匂やかであるというか。そして空間が区切られてゆくという感じ。「三番叟」でそれができれば、とは思いますが。

**松岡**　アントニオ・ガデスには、鋭利なナイフつまり刃でありながら艶があるというか、そういうかっこよさがありましたね。寿夫さんにもあったけど。

**萬斎**　どちらかというと、「三番叟」は人間を超えて神的存在にならなければならない。神にだんだん近づいていく。だから自然と品格と神格とを備えもつような感覚になる。

**松岡**　前に萬斎さんが「三番叟」と囃子方の関係についてたいへん興味深いことをおっしゃっていました。

それは「三番叟」の囃子は近くになきゃダメだと。逆に能の序ノ舞・中ノ舞とかの、「オヒャラーイホウホウヒ」といった呂中干《りょちゅうかん》の譜で舞われる舞っていうのは遠くへ広がるような感じじゃないとダメだと。

**萬斎**　僕は序ノ舞を舞っていないので、そうそうは言えないのですけど、囃子方が「はやす」というのは、つまり囃し立てるわけですよね。だったらその囃子の〝気〟のなかに身を置いてなくてはいけない。

それが一番顕著なのが「三番叟」の烏飛び。囃子とともに、まさに跳躍する感覚ですね。「鈴之段」では旋回感覚もあるんですけど、でもどちらかというとやはり〝回る〟というより「縦ノリ」的感覚のほうが強い。

ところで「三番叟」は、よくぞ狂言方に残ったと思うのですが、観世流・宝生流では千歳のほうはシテ方の分になってしまいましたからね。僕はこのことは能を考えるうえでとても大切なことだと思います。白い翁と黒い翁の関係も。

**松岡**　それは起源的には、黒い翁のほうが呪力が強い。この呪力はもともと狂言方のものだったからじゃあないでしょうか。
黒式尉《こくしきじょう》というのは翁のなかでも「後戸《うしろど》の神」的存在で、白式尉は、表に立っているけど、本質的なものは黒式尉が受け持っている。

**萬斎**　「三番叟」の黒い翁は基本的には死んでいるとも聞きます。

**松岡**　地方の小さな社に神として祀られている三番叟の〝面〟は多く異形です。瘤《こぶ》があったり片目が潰れていたり。
異形の面は「ゆがみ面」とか「ふくれ面」とか言います。狂言面の「嘯《うそふき》（火男の原形）」に通ずる歪み面です。実はこれらの異形の面は能面研究家たちによって排除されてしまったという気がします。
細男《せいのう》の舞で、覆面をして出てくるのは、顔に現われた業病を隠すためだとかいわれていますが、異形の面は、能の歴史のなかでも病む者として排されたのかもしれません。

## 間狂言――「奈須与市語」

**松岡**　「八島」の「奈須与市語《なすのよいちのかたり》」など、「間狂言」についてお話をうかがいたいと思います。

**萬斎**　「奈須与市語」は特殊と言えば特殊ですけど、「仕方咄《しかたばなし》」をこれだけするというのは、究極の狂言語りです。これが、いわゆる〝物真似〟の基本なのかなと思います。仕方咄は能のほうにもたくさんありますけれど、狂言方のほうが、うまいかもしれませんね（笑）。

**松岡**　もちろん、そうですよ。

**萬斎**　「奈須」は一人で何役もやりますから、自ずと一つの語りとして独立して見ていただくことができますし。

**松岡**　それが物真似芸の根源ですよね。たぶん世阿弥の時代になって、レトリカルな流れるような言葉に合わせて振りをつけてゆくというふうに能のほうは変わっていったんでしょう。

**萬斎**　ところで以前、太郎冠者について、「等身大の人物、あるいは卑小な人間」だと言ったことがありました。これについて狂言の視点ということで少し補足すると、「卑小」というのは少しニュアンスが違って、「大きな夢を抱くより、日常の小さな幸福を大切にする人」という感じです。今日一日、どうやって飯食って、どうやってサボって（笑）、どうやって楽しく過ごして、そして寝ようかな、とか。そんなことしか考えていない人間。つまり、わりあい、フツーの人なんだと思うのですよ。
ただ狂言の視点というものは、どこか俯瞰しているので、身分の高い人もそうでない人も、ほとんど同じ大きさに平たく見ているとは思います。人間の所業というものも、引いて平等に見ているから笑える。そういう意味で言うと、狂言には人間存在なんてちっぽけなものだという発想があるし、しかし、人間を愛くるしいくらいに応援し、称える精神もある。人間の内部に入り込んでいく能の視点とは違っていると思いますね。
太郎冠者の存在というのも、世界を平たく見る、そんな、目線を拡大してみせるレンズのようなものかもしれません。

（二〇一二年七月九日収録）

（初出：梅原猛・観世清和監修『能を読む①』角川学芸出版、二〇一三年）

## 魯迅を演じる

今、井上ひさしさん作の演劇「シャンハイムーン」で中国人作家・魯迅を演じています。

物語の舞台は一九三四年八月から九月にかけての、上海の日本租界です。「阿Q正伝」「狂人日記」などで知られる魯迅は、文学革命、思想革命の主導者であったため、蔣介石率いる国民党から逮捕状を出され、逃亡を余儀なくされます。そのような状況で、彼を敬い匿おうとする四人の日本人たちがいました。「シャンハイムーン」は、彼らの姿を緻密に描いたせりふ劇です。

作品を読み込むなかで感じたのは、魯迅は国境を越えて愛される人間だということです。上海租界で書店を営む内山夫妻は、書店の倉庫に魯迅を匿います。また、医師の須藤五百三、歯科医の奥田愛三は、大の医者嫌いである魯迅の病気をなんとか治療したいと考え、ファンになりすますなどして必死に彼に近づこうとします。

なぜ魯迅がここまで愛されるのか。理由は台本には詳しく書き込まれていません。それは作家の残した余白であり、魯迅を取り巻く役者の方々がどれだけ愛を示してくれるかで見えてくるものなのだと思います。

ただ、僕自身が好感をもったのは、彼の流布されているイメージと実像の大きな違いです。魯迅といえば、「聖人君子」、「時代のカリスマ」というイメージが先行します。しかし、実は魯迅は、正妻・朱安に実家の母親の介護を押し付け、第二夫人と一緒に上海で暮らしていました。その第二夫人が、広末涼子さん演じる許広平です。何人も妻がいるのは、この時代の中国であれば珍しくありませんが、今なら週刊誌に狙われてしまいますね。

劇ではこんな場面があります。朱安が風邪で寝込んだ際、魯迅は机の引き出しの奥に干からびた古いパンを見つけます。捨てるぐらいなら……と、パンを湯気にあてて柔らかくし、朱安に食べさせる。彼は後からそのことを猛烈に後悔し、懺悔します。

井上ひさしさんが描く魯迅は、非常に子供っぽいところがあり、ユニークに感じます。そこが面白い。ですが、観客を笑わせようとすると、魯迅の人間性が伝わらない。役の人物が滑稽に見えるように演じるのではなく、逆に、真剣に演じることで魯迅のユニークな人間性を出そうと意識しています。

「人間が一生懸命生きている姿はなんと愛らしく、しかし滑稽なのか」

それこそが、井上ひさしさんの作品に通底するテーマだと思います。滑稽な人間も、富める人も貧しい人も、月は平等に照らし出し、その中で人間性が浮かび上がってくる。それが「シャンハイムーン」というタイトルに込められた意味です。

僕が生業とする狂言も、人間のしょうもなさを否定せずに愛することを大切にしています。いわば究極の「人間賛歌」です。

狂言は「人間」を描く手法を独自に確立していますが、僕はその手法が他のジャンルに負けないことを証明したい。一方で、私の狂言が本当に人間を描ききれているのかという疑問もあります。自身の狂言を俯瞰して見るために、また自分の感性を育てるためにも、演劇や映画などの他ジャンルに挑戦しています。各分野の第一人者と交流すると、自分の実力を知ることができて刺激にもなります。

この世の中には面白いことが多すぎて、興味が尽きることがありません。そこで積極的にテレビを見て、今の時代のトレンドを知ろうという姿勢でいます。歌番組を見て、どちらが曲名で、どちらがバンド名なのか分からないな……と、困惑することもありますが。

その中でも興味を持っているのは、「フリースタイルダンジョン」という番組です。いわゆるラップバトルをおこなうのですが、言葉で喧嘩するのがどういったことなのか、新たな発見がありました。ヒップホップ用語では、韻を踏むことを「ライムを刻む」と言いますが、リズムや音韻によって言葉を魅力的に伝えるのは、狂言にも通じる古典的な手法です。ラップと狂言は実は近い所があるのだと思ったりしています。

僕は今年で五十二歳。五十を過ぎて、まだまだ新しい活動の場を与えてもらえているのはありがたいことです。伝統文化に携わっているということもありますが、物を作るアーティストとして「使い捨てられてはいけない」と常々思っています。消費されて捨てられる茶碗ではなく、色を塗りなおしたり、お茶の淹れ方を変えてみたりと、長く愛される茶碗でありたいです。

（初出：『文藝春秋』二〇一八年四月号掲載）

# 世田谷パブリックシアターを愛する皆様

人類が生死を彷徨い、その社会が迷走し、個人が無力を感じる今。ひたすら医療に関わる方、生活を支えて下さる方への感謝と応援を思います。あらゆる人々が、文化に携わるアーティスト、スタッフ、俳優、観客の皆様に至るまで多くの人々が、その価値観を覆される思いをしているのではないでしょうか。生きている人間が、その知力と体力と団結力という人力を注いで作り上げた無数の芸術作品を、世田谷パブリックシアターをはじめ各劇場で披露することもなく自粛したことには、まさに断腸の思いを致します。

一方、北半球は春を迎え、新緑が深緑へと生命力を謳歌しています。人類がどんなに困ろうと、地球という星は運行を続けます。天災が起ころうと、人災・戦争が起ころうと、いつも地球はそうでした。でも最近は、人類が地球にだいぶん迷惑をかけている気もします。これまで我々がどんなに地球を痛めつけていたかやっと認識出来た気もします。

とは言え、人類には文化という希望があります。世界が混乱しようとも、文化は時には形を変えながら存続します。文学・音楽から美術・演劇・映像映画等々に至るまで、芸術はそれを証明してきました。我らにはこの苦難を乗り越えて来た歴史がある。伝統があります。

文化を生きる糧・栄養にするのは、今生きている人間です。こと舞台芸術は、生きている人間が生み出し、生きている人間が演じ、生きている人間が体感する、根源的なものです。

我らが生きている限り、文化は存続するという思いを胸に、世田谷パブリックシアターは死なずに冬眠より覚醒し、生きているあなたと、生きていることを分かち合う舞台芸術の春を待っています。

どうか皆さんお元気で！　生きていて下さい！

"live（リブ）live（ライブ）live（リブ）for live!（ライブ）"

また再び世田谷パブリックシアターでお目にかかりましょう。

世田谷パブリックシアター芸術監督　野村萬斎（２０２０年５月２日）

（初出：芸術監督在任時の２０２０年５月に、世田谷パブリックシアターのホームページに掲載）

# 僕は狂言サイボーグ ～あとがきにかえて～

二〇〇一年七月末、私はまたもやテムズ川沿いに建っているグローブ座にやってきている。楽屋の窓から見るテムズの向こうに、白いセント・ポール大寺院が見え、川の上をゆきかう船々、散策する人々の姿でにぎやかだ。この度は「まちがいの狂言（THE KYOGEN OF ERRORS）」をひっさげてのグローブ座入りである。十年前「法螺侍（フォルスタッフ）」をジャパンフェスティバルで演じた。

それから今日までさまざまな体験をした。その中でも一九九四年から一年間の英国留学は私にとって最大の経験であった。今回も「法螺侍」の時と同じく高橋康也先生に翻案をお願いしたが、内容は一段と進化したものになったと自負している。「法螺侍」は、シェイクスピアを狂言化した作品だが、「まちがいの狂言」は、狂言の手法をもって作られた純正のシェイクスピア作品である。

この本を読み返すと、自分の進化の過程を見るおもいである。「ござる乃座」のパンフレットの中でまだ「武司」を名乗っていた十数年前はこんな風に考えたり感じたりしていたのかと思ったり、日経に連載させてもらった「目」「耳」「手」「足」「ハナ」などは、五感を全開させて書いたものである。

留学より帰ってきてからの私は超多忙の波に押し流されるように無我夢中で生きてきた。しかし、これまでの体験、幼い時から身につけさせられた芸の基本（教養）は、どれもが無駄ではなかったと考える。成功したとは言えない体験も今ふりかえってみると自分のコヤシになっている。天才演出家ロベール・ルパージュ演出の「テンペスト」のエアリエルは上手に出来なかった。しかし、そこで求められたこと、何が悪かったかなどと考えることは、次を良くするためのステップになる。今回の「まちがいの狂言」をロベール・ルパージュが観て、絶賛してくれた。古典と新演出、東洋と西洋の見事な融合。自分のトークの場で、我々のプロダクションを推薦してくれた。

しかし何と時日の経つのは速く、やりたいことは多く激しいのだろう。一篇の詩にそのおもいを託したい。

僕は狂言サイボーグ

僕は三間四方の小宇宙

能舞台の楽屋裏に生まれた
父に改造され
母から感性を授かり
祖父に演じる喜びを教えられた

僕は狂言サイボーグ
差す手は空を切り
運ぶ足は水を滑る
胸が天を仰ぎ
頸が背中から真っ直ぐに伸びる
そのとき僕は跳ぶ
岩のごとく落ちるため
僕は聞く　観客の鼓動を
小宇宙にこだまする　放たれた声を

人間讃歌の劇　狂言を駆使して

大宇宙に発信したい
世界の人たちに知らせたい
争う気持ちより　おおらかな笑いの力が
ずっと強いことを

僕は狂言サイボーグ
僕は人間　狂言師

# 文庫版あとがき（二〇一三年）

文庫版にするにあたって、初版本を読み返し、十二年の歳月を経たにもかかわらず、直すところが殆どないということに驚き、自分は進歩しているのかと疑問を持つ。

そもそもこの本のタイトルを「狂言サイボーグ」にしたのは、石ノ森章太郎の「サイボーグ００９」よろしく、自分の意思とは関係無く半分機械を埋め込まれ、プログラミングされた人間としての、多少の悲哀を込めたものだった。

十二年の間に息・裕基は家の子として私と同じく三歳で初舞台を踏み、「猿に始まり狐に終わる」という野村家の狂言サイボーグ養成プログラムを歩んでいる。その初舞台及び稽古の様子はＮＨＫのドキュメンタリーにもなったが、私は鬼のプログラマーに変身していた。しかし初舞台で猿曳《さるひき》の私は、子猿役の裕基に宣命を含めるところで落涙した。この子の狂言師としての人生が始まることへの喜びであるはずが、私と同じ宿命を負い、狂言を武器に世の中と渡り合い戦わねばならぬ、長い道のりをスタートさせてしまった思いからである。

裕基が物心つき始めて私に質問した。「どうして僕は狂言をやらなければならないの」

と。私は師父・万作に恐ろしくて聞けなかったことを彼は難なくいとも簡単に聞いてきた。答えに窮しつつ私は正直に答えた。「僕もそう思っている」と。

この現代社会において、単なる家業として狂言を継ぐことは技芸としては可能でも、文化としてはハードルが高い。日本語及び生活様式の変化に対応することは狂言自身のアイデンティティーに関わってくる。そんな現在、どうして、何故狂言を生業とするのか。

答えは狂言をやり続けることでしか得られない。私が生きて狂言をし、観客が足を運んで狂言を見、自分自身の生の悦びを皆で共有出来たその刹那、答えは虹のように立ち現れる。戦い続けなければならない狂言サイボーグ。何たる宿命!

この十二年間、必死に生きてきた。自分の狂言サイボーグとしての生を証明するために。世田谷パブリックシアターの芸術監督になり舞台芸術の演出をし、「にほんごであそぼ」のレギュラーを続け、「オイディプス王」をアテネで演じ、「ハムレット」をロンドンで演じた。「ややこしや」は幼児から老人まで知る言葉となり、本作「まちがいの狂言」は何度も海を渡った。中島敦の虜となり、今はラベル作曲の「ボレロ」を振付けて踊ることに夢中である。折しも九年振りの主演映画「のぼうの城」は大ヒットを記録した。

狂言サイボーグとしての生を悦べる時、私は人間としての生の喜びを感じる。私の生を支えてくれている全ての人々に、心から感謝したいと思う。

舞台「ハムレット」野村裕基（ハムレット），野村萬斎（クローディアス）
〈2023年・世田谷パブリックシアター，撮影：細野晋司〉

## 増補新版文庫あとがき（二〇二三年）

初版から二十二年が経った。私の粗末な思考回路は大して変わることもないが、流石にその年月の間に、周りや環境は変わった。いや、私も確実に老い、肉体的には変わりつつある（正確には衰えつつある）。

幸いなことに私のプログラマーたる師父・万作は卒寿を超えて未だ現役であり、長男・裕基は狂言師の卒業論文と言われる「釣狐」を披き、未だ修業中、即ちプログラミングの途中であるが、狂言サイボーグとして自ら歩み始めている。狂言三代を続けることは、狂言の家にとって、春である。裕基は狂言サイボーグとして、私の謂わばライフワークである「ハムレット」にも主演した。

とは言え、春もあれば冬もあり、二十年間務めた「世田谷パブリックシアター芸術監督」、NHK-Eテレ「にほんごであそぼ」ともに卒業した。世阿弥風に言うなれば、まさに花を咲かせて実を結んだとも言えるだろう。私は能楽師、狂言師として極めて特殊なサイボーグになった。

「世田谷パブリックシアター」では、この拙著でブツブツ言っていたことの殆どを実験実践実現し、体現出来たと思う。舞台芸術として、時間と空間を操作することの術を大いに学び、インプットさせて頂いた。頭で思い描いていたことのウラが取れた訳である。空論がそうではなくなったのだ。「まちがいの狂言」「ＭＡＮＳＡＩ◉解体新書」「狂言劇場」「敦―山月記・名人伝―」「マクベス」「ＭＡＮＳＡＩボレロ」「子午線の祀り」「ハムレット」などは、私が手掛けたかけがえのない作品群である。これらは文化財同様、永く色褪せることのない日本のアイデンティティを背負う作品として、海外にも発信し、社会へ還元することができたと思う。私を支えてくれていた財団、スタッフ、キャスト、何より観客の皆様に感謝を申し上げる。

「にほんごであそぼ」も同様に、映像のアイディアを練り、撮る側、撮られる側として、幼児や児童向けの番組を、大人も楽しめる芸術性の高い域を目指し、事実老若男女にも楽しんで頂けるクオリティであったと思う。私の半ば突飛な、しかし真を映すであろう斬新な、人の思い付かないアイディアを受け止め、果敢に挑み続けてくれたＮＨＫスタッフにも感謝を申し上げる。中原中也の「汚れつちまつた悲しみに」を、私自身が風船に入り、それを１０１という大スタジオでクレーンを使って俯瞰で撮るなど、萬斎の童心同様の遊び心を受け止めて頂いた。中也の「サーカス」もお気に入りである。故・中村富十郎さんや片岡仁左衛門さんなど、ジャンルを超えた諸先輩からも、「良い番組だね。〔お子さんやお孫さんと〕楽しく見ているよ」と褒めて頂いたのは嬉しかった。

そしてパンデミックである。応仁の乱を含めて七百年、間幾度となく危機を乗り越えてきた能楽にとっては、僅かな一ページではあるが、やはり大きな試練であったと思う。何より狂言サイボーグとして最大の主戦場となるはずだった東京2020大会での最終的な不戦により、狂言、能、いや少なからず日本の文化とアイデンティティを学び、背負ってきた筈のサイボーグにとって、自身の存在価値が無いものとなってしまった。この不戦は、パンデミックの為とは言え、その実、日本という国家・社会、五輪を取り巻く商業主義の混沌に端を発しており、半ば呆れ失望した。かえってやらなくて良かったという慰めも頂戴した。その慰めこそが、最大の大会批判であるように思う。

狂言サイボーグに限らず、人はこの世に生を受けた限り、その存在証明を欲す。自身を受け止め、自身を必要とし、互いに支え合える社会であって欲しい。生きている実感、生きている喜び。生命体としては生きていても、精神は死に体と化すことが現実となることも垣間見られる現代社会。野村萬斎演出の「ハムレット」ではプロローグとエピローグでハムレットに、また初監督映画「虎の洞窟」でも主演の窪田正孝さん演ずる男に「生きてる？　死んでる？」と問われる存在になってもらった。自身の存在理由、意義、価値とは……？　それはあまりに中島敦的であり、考えれば考えるほど苦しくなる。

まさに「山月記」だ。
そんな哲学的悲壮感より、楽観的に人生を謳歌したい。まさに「名人伝」だ。私がこの世を去る時は必ず来る。そんなことを意識する年齢にもなった。来たる日に備えて、私は次のような辞世の句を詠めるような人生を送りたい。二〇〇〇年に正月時代劇「蒼天の夢」としてNHKで放送され主演した高杉晋作の辞世の句をもじったものである。

面白き
ことも無き世を
面白く
生き抜いてこそ
面白かりけれ

私の解釈のハムレットは、タガの外れた国家の世直しを実現させて、自身の意志を貫き、次の世代に全てを託して、あとは何も言わない沈黙を選ぶ。世界を見つめ、社会貢献に自らの存在意義を見出し、遅かれ早かれ来たる死に対して後悔はないのだ。「人事を尽くして天命を待つ」。野村萬斎という狂言サイボーグをあの世・違うステージに送る曲は、追善用の狂言小謡「祐善」、ラベルの「ボレロ」とともに、最後にはやはりビートルズの「Let it be」が良いかな。いや、やっぱり尺八の藤原道山氏作曲の「ハムレットの為のレクイエム・宇宙葬」かな？　再生を考えれば、やっぱり三番叟だ！　なども楽しんで考えていられるうちは、まだまだ生きていられそうだ！

この本をご高読くださった皆様にも、文化施設等々に是非とも足を運び、芸術・文化に触れ、娯楽を謳歌し、喜怒哀楽を自分以外の人とも共有して、一人で生きているのではない、そこにいる全ての人と共に生きている実感を、大いにお持ち頂きたい。どうか面白く、生き抜いてください。

令和五年七月吉日

野村萬斎

# 解説

河合祥一郎

『狂言サイボーグ』の初版は二〇〇一年。その十二年後に文藝春秋から文庫本となり、さらにその十一年後に再びこうして文庫本となる。

野村萬斎氏の原点がここにある。

「ござる乃座」を発足した一九八七年から、「ござる乃座」パンフレットの掲載文を集めた「武司でござる　クロニクル1987〜1994」と、一九九四年三月に萬斎を襲名して以降の「萬斎でござる　クロニクル1995〜2000」が収録されているため、本書によって氏の若き日の歩みをたどることもできるが、回想録としては、出生から一九九九年一月までの歩みを自ら綴った『萬斎でござる』(一九九九年初版、二〇〇一年に朝日文庫)がある。

『狂言サイボーグ』はむしろ、狂言師が如何にして造られるか、萬斎氏にとって狂言とは何かを、自らを例に分析することによって、狂言の根本に迫った普遍的な書と言うべきであろう。「文春文庫版のあとがき」で、氏が本書について「十二年の歳月を経たにもかかわらず、直すところが殆どない」と記したのも、本書の普遍性、汎用性を考えれば首肯し得る。

　萬斎氏は、二〇〇二年に世田谷パブリックシアターの芸術監督に就任して以来、二〇二二年三月末日で退任するまで、「現代芸術の世界を構成しているさまざまな分野、要素をパーツに分けて、それぞれの成り立ちと根拠をあらためて問い直す〈トーク＆パフォーマンス〉」として「MANSAI◉解体新書」シリーズを続けた。「その壱」から「その拾弐」までは『MANSAI◉解体新書』（朝日新聞出版、二〇〇八年）にまとめられたが、その後も、「その拾六、依代《よりしろ》～宿りという創造《ポイエーシス》～」、「その拾九、語り～語り物の系譜《リテラチュール・オラル》～」、「その弐拾弐、息～言霊《ことだま》・音霊《おとだま》のリプレゼンテーション～」など、「その参拾弐、撥～初心不可忘～」で完結するまでさまざまなテーマで解体（分析）を重ねたが、このように各要素を丁寧に分析しようとする萬斎氏の探究心は、本書の構成にすでに見ることができる。

　たとえば本書の「狂言と『狂』」の章で、氏は「狂」に「物狂い」や「取り憑かれた状態」の意味があることを踏まえて、「演じるということはそもそも『狂う』ということ」と分析しているが、けだし名言であろう。シェイクスピアに拠れば、恋をすることも、激しい思いに取り憑かれることも「狂う」ことにほかならず、ハムレットは狂気を演じているうちに、演じているのか本当に狂っているのかわからなくなってしまう。

本書で何度も言及されるシェイクスピアは狂言との親和性が高い。どちらも現代の日常語ではない韻律のある台詞を語り、音の響きが重要となる。舞台も、柱が二本あるだけの何もない空間であり、舞台装置を使わず、言葉だけで場面転換する。どちらも、「私」という小さな個人の感情に従って演技するスタニスラフスキー・システムの演技法ではなく、広大な大宇宙《マクロコスモス》に呼応する小宇宙《ミクロコスモス》としての普遍的人間を呈示する演劇である。リア王が怒り狂うときに天が荒れて嵐となるのも、その呼応を示しており、鏡板の前に立つ狂言師が依代となって天からの力を受けて演じるのと同じ発想だ。本書の結びの詩「僕は狂言サイボーグ」で、小宇宙から大宇宙へのつながりが詠《うた》われるのも、萬斎氏自身がその呼応を自覚しているからだろう。

その壮大な大宇宙のパワーを一身に帯びるには、現代人の生身の体では無理であり、狂言の技法が体に組み込まれていなければならない。シェイクスピアの場合は、弱強五歩格《アイアンビック・ペンタミター》の韻文の朗誦法が必要となるが、狂言師の場合は、声のみならず身体の隅々に至るまでサイボーグ化されていなければならないというわけだ。

「この辺りの者」として観客の仲間のように登場しながら、実は七百年の歴史を背負って舞台に立つ狂言師は、一個の人間を遥かに凌駕して大宇宙とつながっているのである。

## コロナ禍を経て

シェイクスピアの時代にペストが蔓延し、シェイクスピア自身、生涯で三度のパンデミックを経験し、長期にわたる劇場閉鎖があったにもかかわらず劇を書き続けたように、現代の私たちもコロナ禍と戦ってきた。

萬斎氏は世田谷パブリックシアター芸術監督としてコロナ禍に立ち向かうメッセージを発信しているが、そこに「これまで我々がどんなに地球を痛めつけていたか」という認識を示しているのは、萬斎氏の思考が宇宙規模であることの証左だ。『マクベス』を演出した際（二〇一〇年初演、二〇一三～一四年再演＋世界ツアー、二〇一六年四演）にも、氏は、人類がゴミや核廃棄物によって地球を痛めつけてきたために、その汚染物の中から魔女たちが生まれ出て人間に復讐するという枠組みを作ってみせた。これは狂言『茸《くさびら》』に於いて、自然をコントロールできると思い込んでいる傲慢な人間に対して、茸のお化けたちが反撃するのと同じ発想で、人間は自然という大宇宙の中で生きていかなければならない以上、常に自然との呼応を意識しなければならないという、狂言とシェイクスピアに共通した認識に根差している。今どきの言葉でいえばエコロジーやサスティナビリティということになろうが、そうした認識を、狂言もシェイクスピアも四百年以上前から持っていたのである。

萬斎演出の『マクベス』には氏が創作したプロローグが加わり、冒頭で「森羅万象」という語が響き渡る演出になっている。あるインタビューの中で、萬斎氏は「僕は、森羅万象という言葉をよく使うんですよ」と述べ、「能楽には人間は一人では生きていけない、あるいは、我々は生かされているというような発想が根底にある」として、「長いタームのなかで、森羅万象の一部として人間の存在を考えることが必要なのではないか」と指摘している。この発言からも、「森羅万象」という大宇宙と、その一部である小宇宙としての人間の呼応を考えるシェイクスピア流の新プラトン主義の考え方が、萬斎氏の中にしっかりと息づいていることがわかる。

コロナ禍の中でも萬斎氏は狂言を演じ続け、二〇二一年には『子午線の祀り』を再演し、世田谷パブリックシアター芸術監督任期中最後の公演として二〇二二年二月、「戯曲リーディング『ハムレット』より」の演出・主演を手がけた。氏は、一九九〇年に渡邊守章演出でハムレットを演じ、二〇〇三年にジョナサン・ケント演出で再びハムレットを演じたのち、いつか日本の伝統芸能の粋を集めた「和」の『ハムレット』を創りたいという夢を抱き続け、これはその夢の実現のためのリーディング公演だった。

そして満を持しての二〇二三年三月、萬斎演出の『ハムレット』で主役を務めた息子・裕基さんの成長ぶりは著しかった。エンディングで、ハムレットが満天の星空の中へ昇天していく演出は、やはり森羅万象を意識しての、萬斎氏らしい発想であり、美しく感動的であった。そう言えば、「MANSAI◉解体新書」シリーズ「その弐拾四、森羅万象〜日常と非日常とのテレポーテーション〜」は、プラネタリウム・クリエーターを招いてのセッションであったことが想起される。

## サイボーグ化されていない萬斎氏の才能

萬斎氏は大宇宙を背負って立つ狂言師であるのみならず、優れた演出家でもある。俳優として映画・演劇で数々の賞を受賞しているのみならず、『藪の中』の演出で文化庁芸術祭演劇部門新人賞、『敦〜山月記・名人伝〜』の演出で紀伊國屋演劇賞と朝日舞台芸術賞、『子午線の祀り』で千田是也賞を受賞している。稽古場でその演出が生み出されていくのを目の当たりにすると、氏の天才ぶりに圧倒される。

新たに演出した『ハムレット』では、二〇〇三年に私と一緒に徹底的に吟味しつくした翻訳であるにもかかわらず、さらに深く読み込み、第四幕第七場で王と王妃宛てに届けられた二通の手紙のうち、王妃宛ての手紙はどうなってしまったのかについてまったく新しい解釈を施してみせた。これは恐らく、シェイクスピア学界でも盲点をつく新解釈ではないかと思うので、私はこれを英語論文にまとめ、学術誌 *Multicultural Shakespeare: Translation, Appropriation and Performance*（『多文化のシェイクスピア――翻訳、翻案、上演』）の特別号 *Local/Global Shakespeare*（『ローカル／グローバル・シェイクスピア』）に掲載予定である（刊行は二〇二四年）。

二〇二三年二月に配信された短編映画「虎の洞窟」で映画監督デビューも果たした萬斎氏の活躍ぶりは留まるところを知らないが、その天才だけは、サイボーグとして組み込まれたものでないことだけは確かである。

写真　渞忠之

本書は、二〇〇一年十二月に日本経済新聞出版社より刊行された。

文庫化に際しては、文春文庫版（二〇一三年）を底本とし、「野村萬斎に聞く　狂言を背負って出掛けよう（野村萬斎・松岡心平）」「魯迅を演じる」「世田谷パブリックシアターを愛する皆様」を増補した。

異界を旅する能　安田登
「能」は、旅する「ワキ」と、幽霊や精霊である「シテ」の出会いから始まる。そして、リセットが鍵となる日本文化を解き明かす。（松岡正剛）

身体能力を高める「和の所作」　安田登
なぜ能楽師は80歳になっても颯爽と舞うことができるのか？「すり足」「新聞パンチ」等のワークで大腰筋を鍛え集中力をつける。（内田樹）

古典落語　志ん生集　古今亭志ん生　飯島友治編
八方破れの生きざまを芸の肥やしとした五代目志ん生の、「お直し」「品川心中」など今も色褪せることのない演目を再現する。

なめくじ艦隊　古今亭志ん生
〝空襲から逃れたい〟、〝向こうには酒がいっぱいある〟という理由で満州行きを決意。存分に自我を発揮して自由に生きた落語家の半生。（矢野誠一）

びんぼう自慢　古今亭志ん生　小島貞二編・解説
「貧乏はするものじゃありません。味わうものですな」その生き方が落語そのものと言われた志ん生が自らの人生を語り尽くす名著の復活。

志ん朝の風流入門　古今亭志ん朝　齋藤明
失われつつある日本の風流な言葉を、小唄端唄、和歌俳句、芝居や物語から選び抜き、古今亭志ん朝の粋な語りに乗せてお贈りする。（浜美雪）

談志　最後の落語論　立川談志
伝説の『現代落語論』から五十数年、亡くなる直前まで「落語」と格闘し続けた談志が最後に書き下ろした落語・落語家論の集大成。（サンキュータツオ）

談志　最後の根多帳　立川談志
落語のネタ決めの基準から稽古法まで談志落語の舞台裏を公開。貴重な音源から名演五席を収録し、本・CD・DVDリストを付す。（広瀬和生）

実録テレビ時代劇史　能村庸一
「鬼平」プロデューサーが、自らの経験と丹念な制作現場への取材を基に記録したテレビ時代劇クロニクル1953－2013、増補決定版。（里中哲彦）

脇役本　濵田研吾
映画や舞台のバイプレイヤー七十数名が書いた本、関連書などを一挙紹介。それら脇役本が教えてくれる秘話満載。古本ファンにも必読。（出久根達郎）

**落語家論**　柳家小三治

この世界に足を踏み入れて日の浅い、若い噺家に向けて二十年以上前に書いたもので、これは、あの頃の私の心意気でもあります。（小沢昭一）

**発声と身体のレッスン**　鴻上尚史

あなた自身の「こえ」と「からだ」を自覚し、魅力的に向上させるための必要最低限のレッスンの数々。続ければ驚くべき変化が！（安田登）

**ちぐはぐな身体《からだ》**　鷲田清一

ファッションは、だらしなく着くずすことから始まる。中高生の制服の着崩し、コムデギャルソン、刺青等から身体論を語る。（永江朗）

**シェイクスピア全集**（全33巻）　シェイクスピア　松岡和子訳

シェイクスピア劇、個人全訳の偉業！　第75回毎日出版文化賞（企画部門）、第69回菊池寛賞、第58回日本翻訳文化賞、２０２１年度朝日賞受賞。

**日本美術応援団**　赤瀬川原平　山下裕二

雪舟の「天橋立図」凄いけどどこかヘン!?　光琳にはなくて宗達にはある〝乱暴力〟とは？　教養主義にとらわれない大胆不敵な美術鑑賞法!!

**新編　ぼくは12歳**　岡真史

12歳で自ら命を断った少年は、死の直前まで詩を書き綴っていた。――新たに読者と両親との感動の往復書簡を収録した決定版。（高史明）

**生きることの意味**　高《コ》史《サ》明《ミョン》

さまざまな衝突の中で死を考えるようになった一朝鮮人少年。彼をささえた人間のやさしさを通して、生きることの意味を考える。（鶴見俊輔）

**友だちは無駄である**　佐野洋子

でもその無駄がいいのよ。つまらないことや無駄なことって、たくさんあればあるほど魅力なのよね。一味違った友情論。（亀和田武）

**まちがったっていいじゃないか**　森毅

人間、ニブイのも才能だ！　まちがったらやり直せばいい。少年のころを振り返り、若い読者に肩の力をぬかせてくれる人生論。（赤木かん子）

**ゲゲゲの鬼太郎**（全7巻）　水木しげる

ご存知ゲゲゲの鬼太郎とねずみ男をはじめ、妖怪たちがくり広げる冒険物語。水木漫画人気を一気に高めた時期の鬼太郎作品すべてを、全七冊に収録。

**父が子に語る日本史**　小島毅

歴史の見方に「唯一」なんてあり得ない。君にはそれを知ってほしい――。一国史的視点から解放される、ユーモア溢れる日本史ガイド！（保立道久）

**父が子に語る近現代史**　小島毅

日本の歴史は、日本だけでは語れない――。未来の世代に今だからこそ届けたい！　ユーモア溢れる大人気日本史ガイド・待望の近現代史篇。（出口治明）

**木の教え**　塩野米松

かつて日本人は木と共に生き、木に学んだ教訓を受け継いできた。効率主義に囚われた現代にこそ生かしたい「木の教え」を紹介。（丹羽宇一郎）

**被差別部落の伝承と生活**　柴田道子

半世紀前に五十余の被差別部落、百人を超える人々から行った聞き書き集。暮らしや民俗、差別との闘い。語りに込められた人々の思いとは。（横田雄一）

**中央線がなかったら　見えてくる東京の古層**　陣内秀信／三浦展　編著

中央線がもしなかったら？　中野、高円寺、阿佐ヶ谷、国分寺……地形、水、古道、神社等に注目すれば東京の古代・中世が見えてくる！　対談を増補。

**江戸へようこそ**　杉浦日向子

江戸人と遊ぼう！　北斎も、源内もみ〜んな江戸のワタシラだ。江戸人に共鳴する現代の浮世絵師が、イキイキ語る江戸の楽しみ方。（泉麻人）

**暗闇のなかの希望**　増補改訂版　レベッカ・ソルニット　井上利男／東辻賢治郎訳

イラク戦争下で「希望を擁護する」ために刊行され、二〇一六年に加筆された改訂版を文庫化。アクティヴィズムと思想を往還する名著。（小川公代）

**ことばが劈《ひら》かれるとき**　竹内敏晴

ことばとこえとからだと、それは自分と世界との境界線だ。幼時に耳を病んだ著者が、いかにことばを回復し、自分をとり戻したか。

**カムイ伝講義**　田中優子

白土三平の名作漫画『カムイ伝』を通して、江戸の社会構造を新視点で読み解く。現代の階層社会の問題が見えると同時に、エコロジカルな未来も見える。

**期待と回想**　鶴見俊輔

「わたしは不良少年だった」15歳で渡米、戦時下の帰国、戦後50年に及ぶ『思想の科学』の編集……自らの人生と思想を語りつくす。（黒川創）

ちくま文庫

狂言《きょうげん》サイボーグ　増補《ぞうほ》新版《しんぱん》

二〇二三年九月十日　第一刷発行

著　者　野村萬斎（のむら・まんさい）

発行者　喜入冬子

発行所　株式会社　筑摩書房

東京都台東区蔵前二―五―三　〒一一一―八七五五

電話番号　〇三―五六八七―二六〇一（代表）

装幀者　安野光雅

印刷所　株式会社精興社

製本所　加藤製本株式会社



ISBN978-4-480-43901-7　C0195